Ria Kormann
Maria Nitschmann
Ursula Volpert

Tafelfreuden & Lebensart Weihnachten

Außergewöhnliche Ideen für drinnen und draussen

Lifestyle
BUSSE
SEEWALD

Dieses Buch widmen wir allen wunderbaren Menschen in unserem Leben.
Auch denen, die im Himmel sind, und die uns gelehrt haben,
unsere Träume zu verfolgen und daran zu glauben.

Ria Kormann
Maria Nitschmann
Ursula Volpert

Tafelfreuden & Lebensart
Weihnachten

Außergewöhnliche Ideen für drinnen und draussen

Lifestyle
BUSSE
SEEWALD

Impressum & Inhaltsverzeichnis

Impressum

Gestaltung: Ria Kormann
Fotografie: Maria Nitschmann, www.lichtbildatelier-m.de
Rezepte: Ursula Volpert
Layout, Satz, Coverlayout und Produktion: Martin und Maria Nitschmann, www.lichtbildatelier-m.de
Lektorat und Schlusskorrektur: Susanne Klar, www.wohnbuchbuero.de
Druck & Bindung: Finidr s.r.o., Tschechische Republik

Wir danken Georg Ketteler vom Verein für Heimatpflege Bocholt e.V. für die freundliche Genehmigung zur Veröffentlichung des Liedes „Sünte Martins Vöggelken" in der Bocholter Variante sowie Elke Schumacher für die freundliche Genehmigung zur Veröffentlichung ihres Gedichts „Ein Engelsflügel".

1. Auflage 2016
ISBN 978-3-7724-7396-8
Best.-Nr. 7396

Sankt Martin breitet seinen Mantel aus

Nikolaus, komm in unser Haus

Stall, nicht nur in Bethlehem

Weihnachten, freue dich Erd- und Sternenzelt

Frau Holle, Schnee wie im Märchen

Draußen vom Walde komm ich her

Silvester, Ende und Anfang an einem Tag

Freude an schönen Dingen

Vorwort

Der Erfolg unseres 2012 erschienenen ersten Buches *Tafelfreuden & Lebensart* hat uns angespornt, unserer Kreativität weiterhin freien Lauf zu lassen. Ein zweites Buch sollte folgen, mit neuen Ideen, Inspirationen und Perspektiven. Dieses Mal wünschten wir uns ein Buch nur für Winter und Weihnachten, um die dunkle Jahreszeit mit hellen Entwürfen zum Glänzen zu bringen. Das Ergebnis liegt gerade vor Ihnen.

Kreativität ist wichtiger als Wissen.
Wir drei Autorinnen, Ria Kormann, Maria Nitschmann und Ursula Volpert, zeigen Ihnen Wege auf, um Ihrer Kreativität Flügel wachsen zu lassen. Aus jeder Idee entsteht wieder Neues im Auge und Umfeld des Betrachters. Unser neues Buch *Tafelfreuden & Lebensart Weihnachten* beschert Ihnen eine Sammlung an Anregungen für die gesamte Winterzeit, Weihnachten und Silvester. Wir wollen Ihren Blick auf das Schöne im Alltag lenken. Wir zeigen, wie die Liebe zum Detail, die Freude an schönen Momenten und der Geist des Genusses zu einem Gesamtkunstwerk wachsen. Gerade in diesen bewegten Zeiten braucht unsere Seele Raum für freudvolle Gelassenheit.

Alles fließt und steht nicht still.
„*Tafelfreunden & Lebensart Weihnachten* ist keiner Mode unterworfen, sondern Ausdruck unserer Haltung zum Leben", sagen Maria Nitschmann und Ursula Volpert einhellig. Gemeinsam mit Ria Kormann haben sie diese erfolgreiche Buchreihe fortgeschrieben.
Ria Kormann konnte die Drucklegung des gemeinsamen Werkes leider nicht mehr erleben. Sie starb im Mai 2015 an den Folgen einer Krebserkrankung. Endlichkeit zu erfahren ist traurig, setzt aber auch Energien frei. Das Leben ist im Fluss, die Welt dreht sich weiter, wenn auch anders als zuvor. Unsere Freundin Ria hat durch ihre Werke in diesem vorliegenden Buch unser gemeinsames Credo einmal mehr unterstrichen.

Leben bedeutet für uns: mit Menschen zusammenkommen, sich begegnen, quer zu denken und den „Blick über den Tellerrand" zu genießen. Wo immer Sie unser Buch lesen, in der Küche, im Garten oder am Kamin: Machen Sie es sich gemütlich – feiern Sie den Moment.
Wir wünschen Ihnen, unseren Leserinnen und Lesern, viel Freude mit unserem Buch.

Herzlichst,

Maria Nitschmann, Fotografenmeisterin

Ursula Volpert, Oecotrophologin

Autorinnen

Ria Kormann, aus Ramsdorf, war freiberuflich in der Erwachsenenbildung tätig. Sie organisierte Ausstellungen im Bereich Kunst und Kultur zu verschiedenen Themen im jeweils passendem Ambiente.

Maria Nitschmann, aus Dülmen, selbständige Fotografenmeisterin mit eigenem Fotostudio in Münster (www.lichtbildatelier-m.de), fotografiert auch gern „on location" mit Blick für das Ganze und das Detail.

Ursula Volpert, aus Dülmen, hauptberuflich pädagogische Mitarbeiterin in der Erwachsenenbildung. Sie gestaltet außergewöhnliche Kochevents an ungewöhnlichen Orten.

Sankt Martin breitet seinen Mantel aus

Eisen-Kerzenhalter
Runkelrübe
Filzband
Hefegans
Holzsterne

Runkelrüben-Kerzenständer

St. Martins Früchtegans mit …

St. Martins Früchtegans

Für 1 Gans oder 2 Früchtebrote

250 g getrocknete Apfelringe
250 g getrocknete Aprikosen
250 g getrocknete Feigen
100 g große, getrocknete Rosinen
100 g getrocknete Cranberrys
100 g getrocknete Sauerkirschen
abgeriebene Schale von 1 Bio-Orange
250 ml Rotwein
50 ml brauner Rum
50 ml Orangenlikör
Saft von 1 Orange und 1 Zitrone

250 g Dinkelmehl
25 g frische Hefe
250 ml lauwarme Milch
2 EL Butter
½ TL Salz
1 TL Zimt
¼ TL gemahlene Nelken
¼ TL gemahlener Anis
¼ TL gemahlener Koriander
2 EL Rübenkraut
200 g gehackte Walnusskerne

gehäutete Mandelkerne zum Belegen
2 EL Honig zum Bestreichen

Getrocknete Früchte klein schneiden. Alle Früchte in eine Schüssel geben,
mit abgeriebener Orangenschale, Rotwein, Rum, Orangenlikör, Orangen- und Zitronensaft mischen.
24 Stunden im Kühlschrank ziehen lassen, dabei immer wieder umrühren.
Mehl in eine Schüssel geben, Hefe in der lauwarmen Milch auflösen. Zusammen mit Butter,
den Gewürzen und Rübenkraut zum Mehl geben und alle Zutaten zu einem glatten Teig verkneten.
Den Teig mit einem Küchentuch abdecken und an einem warmen Ort gehen lassen,
bis sich der Teig verdoppelt hat.
Walnusskerne und die Fruchtmischung zum Teig geben und mit den Händen alle Zutaten gründlich verkneten.
Der Teig ist sehr klebrig!
Den Backofen auf 170 °C Ober-/Unterhitze vorheizen.
Auf Backpapier eine Gans in Backblechgröße mit einem Bleistift vorzeichnen, Papier auf ein Backblech legen.
Auf dem Backpapier aus Teig eine Gans formen. Flügel, Schnabel und Auge mit halbierten Mandeln belegen.
Auf dem Rost auf mittlerer Schiene 40–50 Minuten backen.
Honig erwärmen. Die noch warme Gans mit Honig bestreichen.
Die abgekühlte Gans in Folie wickeln und etwa 1 Woche durchziehen lassen.
Vor dem Verzehr nochmals mit Honig bestreichen, dann bekommt die Gans einen schönen Glanz.

...Schinken- & Pilz-Butter und...

Schinken-Butter

Für 4 Personen

2 rotbackige Äpfel
1 Schalotte
2 cm rote Chilischote
100 g Schinkenspeck
250 g Butter
Pfeffer aus der Mühle

Äpfel mit Schale vierteln, entkernen und fein würfeln.
Schalotte schälen, halbieren und ganz fein würfeln, ebenso die Chilischote.
Äpfel, Schalotte, Chili und Schinkenspeck in 1 EL Butter dünsten, auskühlen lassen. Lauwarme Butter mit der ausgekühlten Schinkenmasse verrühren, mit Pfeffer kräftig würzen.
Schinkenbutter 2 Stunden kalt stellen.

Pilz-Butter

Für 4 Personen

9 g getrocknete Steinpilze
2 Schalotten
10 g Pfifferlinge
100 g braune Champignons
1 EL Butter
1 Zweig Thymian
1 EL grüne Pfefferkörner
250 g Butter
Salz, Pfeffer, Zucker
½ Bund glatte Petersilie

Steinpilze in 2 EL Wasser einweichen und 2 Stunden quellen lassen.
Schalotten schälen und sehr fein würfeln.
Steinpilze gut abtropfen lassen.
Steinpilze, Pfifferlinge und Champignons fein hacken.
Butter in einer Pfanne erhitzen, Schalotten kurz anrösten, Pilze zugeben und unter Rühren anbraten. Thymianzweig zugeben und die Pilze damit würzen. Pilze auskühlen lassen und Thymianzweig entfernen.
Butter schaumig rühren. Pfefferkörner hacken.
Butter, Pilze, Pfefferkörner, Salz, Pfeffer, Zucker und gehackte Petersilienblätter gut verrühren.
2 Stunden ziehen lassen, kalt stellen.

Die Butter schmeckt zu Brot, zu Nudeln oder zu Kurzgebratenem.

St. Martins Früchtepunsch

Für 8 Gläser

1 Vanilleschote
1 Zimtstange
8 weiße Pfefferkörner
Schalenstückchen von 1 Bio-Zitrone und 1 Bio-Orange
750 ml Cranberrysaft
500 ml Früchtetee
Akazienhonig nach Belieben
3 EL getrocknete Cranberryfrüchte
3 EL geröstete gehackte Cashewkerne

Vanilleschote längs aufschneiden, Mark mit einem Messerrücken herauskratzen, Vanilleschote und -mark mit Zimtstange, Pfefferkörnern, Zitronen- und Orangenschalen, Saft und Tee in einen Topf geben und erhitzen. 10 Minuten ziehen lassen, dann durch ein Sieb gießen, nach Wunsch mit Honig süßen. Cranberryfrüchte und Cashewkerne in den Punsch geben, gut erhitzen und servieren.

… St. Martins Früchtepunsch

Moosgans ...

aus Maschendraht geformt
mit Moos umwickelt
auf einem passenden Korb
mit Grün, Stroh, Früchten

… und Runkelrüben-Fackeln

- ausgehöhlte Runkelrüben
- winterliche Motive mit Linol- oder Cuttermessern schnitzen
- Kerzen

Fenstergänse...

handgeschöpfte Papiere, ausgeschnittene Form einer Gans aus mehreren Lagen zusammengenäht, mit Langstroh und Gänsefeder dekoriert

aus handgeschöpften
Papieren gerollte Tüten,
angeklebte Papiergänse,
aufgestellt in einem
Korb mit Walnüssen

... und Früchtetüten

Maronenschaumsüppchen mit Hasenfilet

Für 4 Personen

100 g Sellerieknolle
100 g Möhren
1 Schalotte
1 EL Butter
200 g gekochte Maronen (vakuumverpackt)
700 ml Kalbsfond
200 g Sahne
Salz, Pfeffer
1 TL Akazienhonig
2 EL Sherry
Saft von ½ Orange

2 kleine Hasenfilets
2 Scheiben Räucherspeck
Salz und Pfeffer aus der Mühle
1 EL Butterschmalz
½ TL gemörserte Wacholderbeeren

Sellerie, Möhren und Schalotte waschen, putzen oder schälen. Alles in kleine Würfel schneiden. Butter in einem Topf erhitzen, Gemüse darin andünsten.
Maronen zugeben. Fond angießen und 15 Minuten leicht köcheln lassen.
Suppe mit dem Pürierstab pürieren, 100 g Sahne zugeben.
Mit Salz, Pfeffer, Honig, Sherry, Orangensaft abschmecken.

Hasenfilets in Speck einwickeln, mit Salz und Pfeffer würzen.
Butterschmalz in einer kleinen Pfanne erhitzen,
Filets darin rundherum gut anbraten, aus der Pfanne nehmen.
Filets in Alufolie wickeln und 20 Minuten ruhen lassen.

Die restliche Sahne schlagen.
Suppe nochmals mit dem Pürierstab aufschäumen.
Hasenfilets aus der Folie wickeln, in dünne Scheiben schneiden.
Suppe in Suppentassen füllen, mit der geschlagenen Sahne garnieren, mit Wacholder bestreuen und die Hasenfiletscheiben auf dem Teller anrichten.

Maronenschaumsüppchen mit Hasenfilet

Springerle aus alten Modeln

St. Martins Springerle

Waldorfsalat

Endiviensalat

Winterlicher Waldorfsalat

Für 4 Personen

Für den Salat:

½ Sellerieknolle (etwa 250 g)
Salz
Saft von 1 Zitrone
2 Möhren
6 EL Walnussöl
1 säuerlicher Apfel
1 kleine Schalotte

Für das Dressing:

3 EL Miracle Whip
200 g Crème fraîche
2 EL Zitronensaft
2 EL Apfel- oder Orangensaft
Salz, Pfeffer, Zucker

Für die Dekoration:

100 g grob gehackte Walnusskerne
2 EL Zucker
2 Orangen

Sellerieknolle schälen, in ½ cm dicke Scheiben schneiden. Selleriescheiben in Salzwasser mit Zitronensaft 4 Minuten kochen. Herausnehmen, abkühlen lassen. Möhren putzen, schälen, in kleine Würfel schneiden. Walnussöl in einer Pfanne ganz leicht erhitzen. Möhrenwürfel darin 5 Minuten bei geringer Hitze dünsten. Apfel waschen, vierteln, entkernen und in kleine Würfel schneiden. Selleriescheiben in Würfel schneiden. Schalotte schälen, in kleine Würfel schneiden.

Miracle Whip, Crème fraîche, Zitronensaft, Apfel- oder Orangensaft, Salz, Pfeffer und Zucker zugeben und zu einem Dressing verrühren.

Salatzutaten mit Dressing vermischen, 10 Minuten ziehen lassen.

Walnusskerne in einer Pfanne mit Zucker bei mittlerer Hitze karamellisieren, danach abkühlen lassen. Orangen schälen, Früchte filetieren. Salat in kleinen Gläschen oder auf einer Platte anrichten, Walnusskerne und Orangenfilets darauf dekorieren.

Endiviensalat mit Dattel-Lauch-Dressing und Orangen

Für 4 Personen

Für den Salat:

½ Endiviensalat (etwa 300g)
200 g mitteldicke Möhren

Für das Dressing:

150 g Schlagsahne
1 EL flüssiger Akazienhonig
3 TL Senf
3-4 EL milder Weißweinessig
4 EL Mineralwasser
Salz, Pfeffer
Cayennepfeffer
6 EL Rapsöl
6 Datteln
1 kleine Lauchstange
(der weiße Teil)

Für die Dekoration:

2 Orangen
2 EL gehackte Walnusskerne

Salat putzen, waschen. Blätter trocken schleudern, der Länge nach halbieren und quer in 2 cm breite Streifen schneiden. Möhren putzen, schälen, mit einem Sparschäler der Länge nach in feine Streifen, dann in Stifte schneiden.

Sahne, Honig, Senf, Essig und Mineralwasser mit einem Schneebesen in einer großen Schüssel mischen, salzen und pfeffern. 6 EL Öl kräftig unterschlagen, bis ein cremiges Dressing entsteht. Datteln und Lauch in feine Ringe schneiden, in die Sauce geben.

Orangen filetieren, Saft auffangen und in die Salatsauce geben. Den Salat mit dem Dressing mischen.

Salatmischung auf eine Platte geben, Orangenfilets und Walnusskerne darauf anrichten. Dazu passt Baguette.

Gänseschürze fürs …

aus altem Leinen
genäht
mit Textilfarben
bemalt

Gänsedröpken
Für 1 Liter

- 10 Gewürznelken
- 1-2 Sternanis
- 2 Zimtstangen
- 350 ml milder Korn
- 100 g Honig
- 100 g Rohrzucker
- 175 ml Orangenlikör
- 350 ml schwarzer Johannisbeersaft

Gewürznelken, Sternanis und Zimtstangen in milden Korn geben und in einem verschlossenen Gefäß 10 Tage durchziehen lassen.
Dann die Mischung durch einen Kaffeefilter oder ein feines Sieb gießen, um die Trübstoffe zu entfernen.

Honig und Rohrzucker in einem Topf aufkochen, Orangenlikör und schwarzen Johannisbeersaft zugeben.
Zwei Minuten sprudelnd kochen lassen.
Korn zugeben, erhitzen und in eine sterilisierte Flasche füllen.

... Gänsedröpken

Sünte Martins Vöggelken

Worte und Weise: volkstümlich

Nikolaus, komm' in unser Haus

Bretter
gehobelt
ausgesägt
bemalt
Nikolaus-
serviette
gelackt
Äpfel
Seil
Stab

Nikolaus aus dem Tannenwald

Nikolaus-Fondue mit ...

Limetten-Aioli mit Basilikum

Für 4 Personen

3 hart gekochte Eier
3 EL Kräuteressig
125 ml geschmacksneutrales Öl
200 g Crème fraîche
150 g Joghurt, 3,5%
Salz, Pfeffer, Zucker
geriebene Schale von 1 Bio-Limette
4 EL Limettensaft
3 Knoblauchzehen
Basilikumblätter

Eier pellen, halbieren. Eigelbe herauslösen, durch ein Sieb streichen und mit Essig glatt rühren. Das Öl nach und nach darunter schlagen und so lange weiterarbeiten, bis die Sauce eine cremige Konsistenz hat. Crème fraîche und Joghurt unter die Sauce rühren. Mit Salz, Pfeffer, Zucker, Limettenschale und -saft abschmecken. Knoblauch schälen, durch eine Knoblauchpresse in die Sauce geben. Die Eiweiße fein würfeln, Basilikumblätter in feine Streifen schneiden und zum Schluss unter die Sauce mischen.

Cocktailsauce

Für 4 Personen

150 ml Mayonnaise
3 EL Sahne
2–3 EL Tomatenketchup
1 EL Cognac
1 kleine Knoblauchzehe
Salz, Cayennepfeffer

Mayonnaise, geschlagene Sahne, Ketchup und Cognac verrühren, Knoblauch schälen und durch die Knoblauchpresse in die Sauce geben. Mit Salz und Cayennepfeffer würzen.

...fünf verschiedenen Dips

Ziegenfrischkäse-Sauce mit Granatapfel und karamellisierten Oliven

Für 6–8 Personen

300 g Ziegenfrischkäse
2-3 EL Sahne
Salz, Pfeffer
1 Granatapfel

Ziegenfrischkäse mit Sahne glatt rühren, mit Salz und Pfeffer pikant abschmecken.
Granatapfel aufschneiden, die Kerne herauslösen und gut abtropfen lassen.
Ziegenfrischkäse-Sauce mit Granatapfelkernen und karamellisierten Oliven anrichten.

Für die karamellisierten Oliven:
200 g schwarze Oliven
1 Bio-Zitrone
1 Zweig Rosmarin
200 g brauner Zucker
120 ml Balsamico Crema
Pfeffer

Oliven entsteinen und hacken.
Schale der Zitrone fein reiben, Saft auspressen. Oliven, Zitronenschale, -saft, Rosmarinzweig, braunen Zucker und Balsamico Crema im Topf aufkochen und 45 Minuten bei mittlerer Hitze einkochen lassen. Mit Pfeffer kräftig würzen. Heiß in ein Schraubdeckelglas füllen. Im Kühlschrank halten sich die karamellisierten Oliven etwa 4 Wochen. Passt auch super zu Käse.

Krabben-Mayonnaise

Für 6–8 Personen

1 Ei
1 TL Dijonsenf
100 ml geschmacksneutrales Öl
1 Knoblauchzehe
100 ml Geflügelbrühe
1 EL Noilly Prat
Salz, Pfeffer
100 g Joghurt, 3,5 %
100 g Krabbenfleisch

Ei und Senf mit dem Pürierstab cremig rühren. Ganz langsam das Öl zugeben und unterrühren. Knoblauch schälen, durch eine Knoblauchpresse in die Sauce geben. Danach Geflügelbrühe, Noilly Prat, Salz, Pfeffer hinzufügen. Zum Schluss Joghurt und Krabbenfleisch unterheben. Sauce pikant abschmecken.

Pinien-Mandel-Dip

Für 4 Personen

50 g Pinienkerne
50 g Mandeln
1 Knoblauchzehe
½ Bund Petersilie
200 g Sahne
Salz, Pfeffer

Pinienkerne und Mandeln hacken und in einer Pfanne ohne Fett rösten, auskühlen lassen.
Knoblauch schälen, fein hacken.
Petersilienblätter fein schneiden.
Sahne schlagen, Pinienkerne, Mandeln, Knoblauch und Petersilie verrühren.
Mit Salz und Pfeffer pikant abschmecken.

Nikolaus-Tanne

dickes Packpapier
Samtband
Goldstern
Bienenwachs
Nikolausoblate
alte Schriften

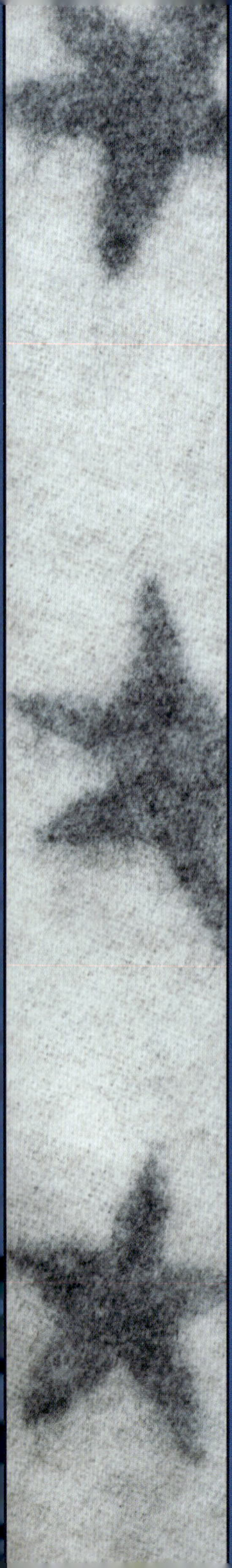

Nikolausbrotzeit

Käse-Walnussbrötchen ...

Käse-Walnussbrötchen

Für 6 größere Formen

20 g frische Hefe
100 g lauwarme Milch
500 g Mehl
1 TL Honig
Salz
3 Eigelb
3 EL Olivenöl

1 Birne
1 EL Walnusskerne
300 g Blauschimmelkäse

1 EL Olivenöl zum Bestreichen
4 Zweige Thymian
1 EL grobes Salz

Hefe in lauwarmer Milch auflösen. Mehl mit Honig, Salz, Eigelb, Olivenöl und Hefemilch kräftig verkneten. Den Teig gut durchwalken und danach abgedeckt bei Zimmertemperatur gehen lassen, bis sich sein Volumen verdoppelt hat.
Backofen auf 210°C Ober-/Unterhitze vorheizen.
Birne waschen, vierteln, Kerngehäuse entfernen.
Walnusskerne hacken.
Käse und Birne in kleine Würfel schneiden, mit den Walnusskernen mischen und unter den Teig kneten.
Den Teig auf einer bemehlten Arbeitsfläche nochmals durchkneten, zu einem Strang formen, in 6 Teile schneiden, zu Brötchen formen und je in eine gefettete Form legen.
Die Oberfläche mit Olivenöl bepinseln, Thymianblättchen und Salz auf dem Teig verteilen.
Auf dem Rost auf mittlerer Schiene 20 Minuten backen.
Mit Butter servieren.

... mit Kartoffel-Pilz-Strudel ...

Kartoffel-Pilz-Strudel

Für 4–6 Personen

Für den Teig:
200 g Mehl
4 EL Pflanzenöl
Salz
1 EL Pflanzenöl zum Bestreichen
Mehl zum Ausrollen
2 EL Paniermehl zum Bestreuen
75 g Butter zum Bestreichen

Backofen auf 180 °C Ober-/Unterhitze vorheizen.
Mehl mit Öl, 125 ml lauwarmem Wasser und Salz zu einem glatten Teig verarbeiten. Teig dann kräftig durchkneten.
Die Teigkugel mit etwas Öl bestreichen, mit Frischhaltefolie abdecken und mindestens 1 Stunde bei Zimmertemperatur ruhen lassen.
Anschließend auf einer bemehlten Fläche dünn ausrollen und vorsichtig auf etwa 50 x 60 cm hauchdünn ausziehen. Danach auf ein großes bemehltes Tuch geben. Teigplatte in Form ziehen, mit Paniermehl bestreuen und die Füllung (siehe Seite 49) darauf verteilen.
Die Teigenden einschlagen und den Strudel vorsichtig aufrollen.
Strudel auf ein gefettetes Backblech legen. Butter bei milder Hitze schmelzen und den Strudel mit zerlassener Butter bestreichen.
Auf dem Rost auf mittlerer Schiene 45-50 Minuten backen.

Für die Füllung:
4 EL Öl
500 g festkochende Kartoffeln
500 g gemischte Pilze
2 Zwiebeln
1 Bund Frühlingszwiebeln
1 Zweig Rosmarin
Salz, Pfeffer
150 g Parmesan

In zwei Pfannen je 2 EL Öl erhitzen. Kartoffeln schälen, in kleine Würfel schneiden, in einer Pfanne knusprig braun braten. Pilze putzen, in Scheiben schneiden, in der anderen Pfanne braten. Zwiebeln schälen, in Würfel schneiden und zu den Pilzen geben. Frühlingszwiebeln waschen, putzen und in feine Ringe schneiden. Kartoffelwürfel, Pilze und Frühlingszwiebeln zusammen in eine Schüssel geben. Rosmarinnadeln fein hacken, mit Salz und Pfeffer pikant abschmecken. Parmesan reiben und unterrühren.

... und Wirsing-Sahne-Sauce

Wirsing-Sahne-Sauce

Für 4–6 Personen

½ kleiner Wirsing (etwa 300 g)
1 Zwiebel
2 EL Butter
200 g Sahne
100 ml Milch
Salz
Pfeffer
Muskatnuss
Saft von ½ Zitrone

Wirsing waschen, vierteln und den Strunk entfernen. Wirsing in Streifen schneiden. Zwiebel schälen und in Würfel schneiden. Butter im Topf erhitzen. Zwiebel und Wirsing hinzugeben und 5 Minuten andünsten. Sahne und Milch zugeben. Mit Salz, Pfeffer und Muskatnuss würzen. Langsam cremig einköcheln lassen. Die Sauce mit einem Pürierstab leicht pürieren. Mit Zitronensaft pikant abschmecken. Falls die Sauce zu dick ist, etwas Milch zugeben.

Tannen in Variationen …

Kiefern- oder
Fichtenholz
bemalt
gelackt
in Töpfen
und Grün
eingebunden

Nostalgiekranz

großer Strohkranz
haltbares Tannengrün
gesammelte Werke
Samtsterne

Spitztüte

Karton
gesammelte Weihnachtskarten
Pannesamt

Nikolauskuchen nach Linzer Art ...

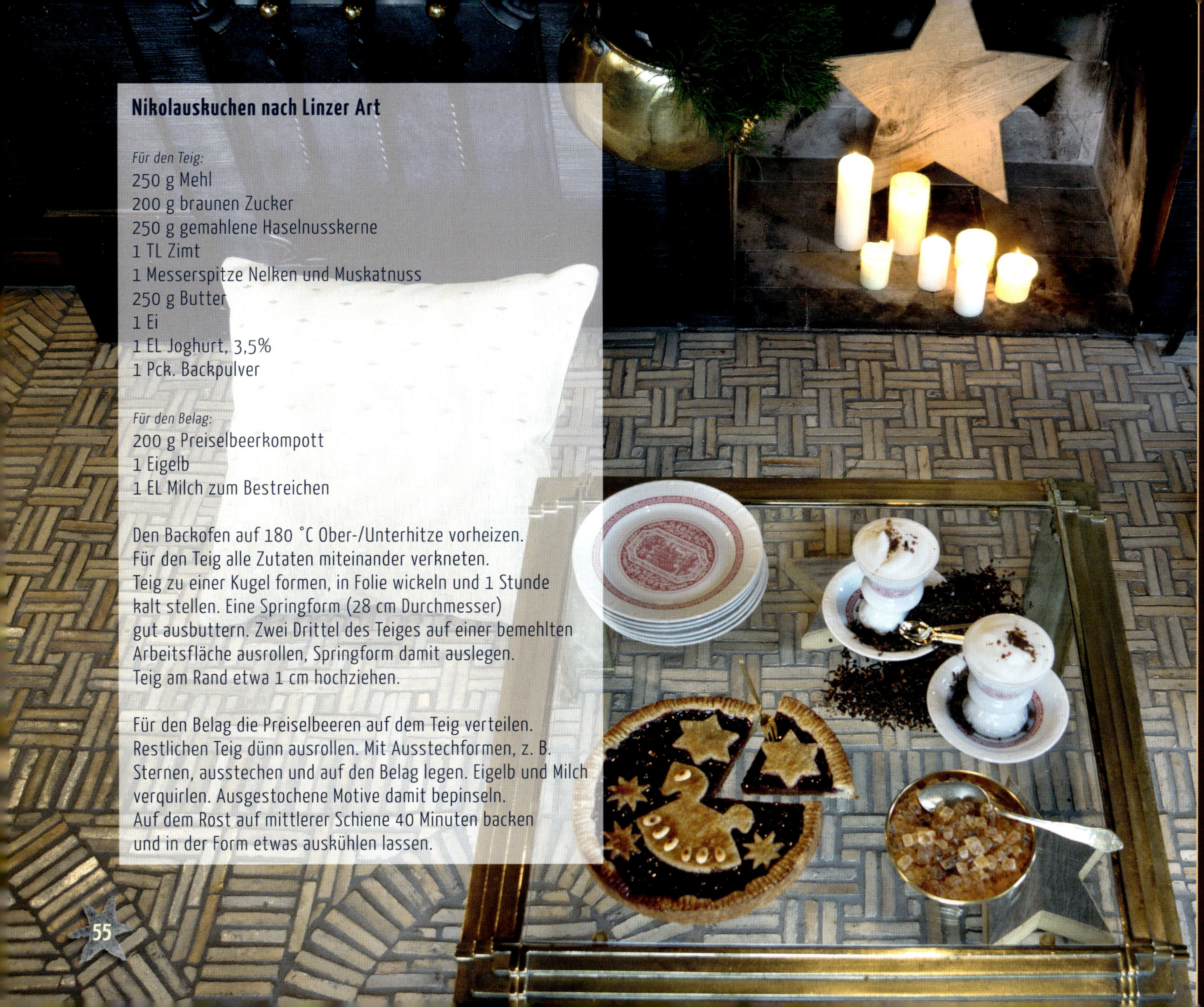

Nikolauskuchen nach Linzer Art

Für den Teig:
250 g Mehl
200 g braunen Zucker
250 g gemahlene Haselnusskerne
1 TL Zimt
1 Messerspitze Nelken und Muskatnuss
250 g Butter
1 Ei
1 EL Joghurt, 3,5%
1 Pck. Backpulver

Für den Belag:
200 g Preiselbeerkompott
1 Eigelb
1 EL Milch zum Bestreichen

Den Backofen auf 180 °C Ober-/Unterhitze vorheizen. Für den Teig alle Zutaten miteinander verkneten. Teig zu einer Kugel formen, in Folie wickeln und 1 Stunde kalt stellen. Eine Springform (28 cm Durchmesser) gut ausbuttern. Zwei Drittel des Teiges auf einer bemehlten Arbeitsfläche ausrollen, Springform damit auslegen. Teig am Rand etwa 1 cm hochziehen.

Für den Belag die Preiselbeeren auf dem Teig verteilen. Restlichen Teig dünn ausrollen. Mit Ausstechformen, z. B. Sternen, ausstechen und auf den Belag legen. Eigelb und Milch verquirlen. Ausgestochene Motive damit bepinseln. Auf dem Rost auf mittlerer Schiene 40 Minuten backen und in der Form etwas auskühlen lassen.

... mit Gewürzmilch ...

Gewürz-Milch

Für 4-6 Tassen

750 ml Milch
5 cm frischer Ingwer
1 Zimtstange
1 Anisstern
½ TL schwarze Pfefferkörner
3 Nelken
Honig nach Belieben
4-6 cl Eierlikör (1 cl je Tasse)
Kakaopulver zum Bestäuben

Die Milch erwärmen. Ingwer schälen und in Scheiben schneiden. Ingwer zusammen mit Zimt, Anis, Pfeffer und Nelken zur Milch geben. Alles etwa 10 Minuten langsam köcheln lassen und mit Honig süßen.
Die Milch mit den Gewürzen vom Herd nehmen und 1 Stunde ziehen lassen. Milch durch ein Sieb geben und nochmals erhitzen. Mit einem Schneebesen oder Milchschäumer kräftig aufschäumen. Sofort in Tassen füllen, Eierlikör zugeben und mit Kakao bestäuben.

... und Lebkuchen aus alten Backformen

„Die Wege der Menschen deuten
ein bestimmtes Ende voraus,
auf das sie hinführen,
wenn man auf ihnen beharrt.
Aber wenn man von den Wegen abweicht,
ändert sich auch das Ende“,
erkennt Scrooge,
läutert sich und wird fortan
zu einem anderen Menschen.

aus „Die Weihnachtsgeschichte“
von Charles Dickens

Stall,
nicht nur in Bethlehem

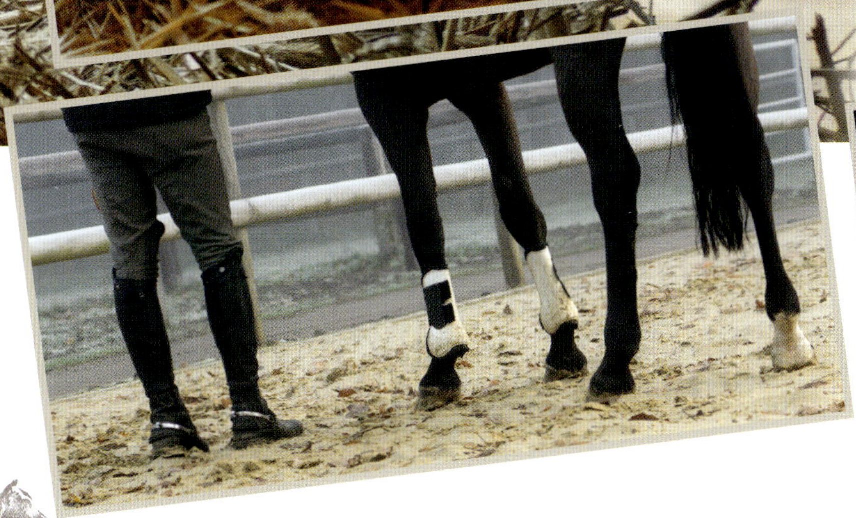

Strohsterne

Langstroh
Bienenwachs
Birkenstern

Stallküche ...

... mit kleinem Bratwurst-Rosenkranz ...

Kleiner Bratwurst-Rosenkranz

Pro Person einen kleinen „Bratwurst-Rosenkranz" beim Metzger bestellen. In Butterschmalz in der Pfanne von beiden Seiten goldbraun braten. Mit Senf, gebackenen „Herrenkartöffelchen" und Sauerkraut servieren.

… dazu Sauerkraut mit getrockneten Aprikosen …

Sauerkraut mit getrockneten Aprikosen

Für 4 Personen

1 große Zwiebel
2 EL Butterschmalz
800 g Sauerkraut
125 ml Weißwein
125 ml Aprikosensaft
100 g getrocknete Aprikosen
2 Lorbeerblätter
15 Wacholderbeeren
Salz, Pfeffer

Zwiebel abziehen, in kleine Würfel schneiden. Butterschmalz in einem Topf erhitzen, Zwiebelwürfel darin glasig dünsten. Sauerkraut (evtl. abwaschen) gut ausdrücken und zu den Zwiebeln geben, 5 Minuten unter Rühren anschmoren, Weißwein und Aprikosensaft angießen. Aprikosen halbieren, mit den Lorbeerblättern, den Wacholderbeeren, Salz und Pfeffer zum Sauerkraut geben. 15 Minuten köcheln lassen. Sauerkraut nochmals pikant abschmecken.

… und Herrenkartöffelchen

Schalenkranz

Würfelzucker

Äpfel

Erdnüsse

Hafer

Schwarzbrot

Möhren

Sterne

Herrencreme

Welfenspeise

Karamellcreme

Karamellcreme mit Karamellgitter
Für 6 Personen

100 g Zucker
500 ml Milch
1 Pck. Vanillepuddingpulver zum Kochen
200 g Sahne

Für die Creme:
Zucker in einem Topf karamellisieren lassen, den Topf von der Kochstelle nehmen.
375 ml Milch angießen, Karamellmilch zum Kochen bringen.
Vanillepuddingpulver mit der restlichen Milch anrühren und unter Rühren in die Karamellmilch gießen, aufkochen lassen.
Creme kalt rühren.
Sahne schlagen und unter die eiskalte Creme geben.

Für das Karamellgitter:
4 EL Zucker in einen kleinen Topf geben und zu goldgelbem Karamell werden lassen. Topf vom Herd nehmen, etwas auskühlen lassen, dann aus der Karamellmasse mit einem Löffel dünne Fäden ziehen und auf eine leicht geölte Alufolie laufen lassen, dabei die Fäden immer wieder hochziehen. Karamellgitter gut auskühlen lassen.
Kurz vor dem Servieren auf die Creme setzen.

Herrencreme
Für 8 Personen

750 ml Milch
40 g Zucker
2 Pck. Vanillepuddingpulver zum Kochen
100 g Zartbitterschokolade
400 g Sahne
Rum nach Wunsch (etwa 125 ml)

Milch in einen Topf füllen, Zucker zugeben.
Von der Milch 8 EL abnehmen,
das Vanillepuddingpulver damit anrühren.
Restliche Milch zum Kochen bringen,
das angerührte Pulver in die Milch einrühren
und unter Rühren aufkochen lassen.
Creme in eine große Schüssel füllen
und kalt rühren, damit sich
keine Haut und Klümpchen bilden.
Schokolade grob raspeln,
Sahne steif schlagen.
Gut ausgekühlte Vanillecreme nochmals
aufschlagen, mit Rum abschmecken.
Zwei Drittel der Sahne und Schokoraspeln
vorsichtig unter die Creme heben.
Creme in eine Schüssel füllen.
Restliche Sahne in einen Spritzbeutel füllen
und Tupfen auf die Creme spritzen.

Welfenspeise
Für 4-6 Personen

Für die Creme:
½ l Milch
1 Vanilleschote
40 g Zucker
1 Prise Salz
25 g Speisestärke
2 Eiweiß

Für die Sauce:
2 Eigelb
40 g Zucker
½ EL Speisestärke
2 EL Zitronensaft
125 ml trockener Weißwein

Für die Creme:
Milch in einen Topf geben, von der Milch 4-5 EL abnehmen.
Vanilleschote aufschneiden, das Vanillemark herauskratzen,
mit Vanilleschote in die Milch geben.
Die Milch aufkochen und 10 Minuten ziehen lassen.
Zucker in die Milch geben.
Mit der abgenommenen Milch und Salz die Stärke anrühren.
Unter Rühren die Stärke in die kochende Vanillemilch geben,
aufkochen lassen, vom Herd nehmen.
Eier trennen. Eiweiß zu Schnee schlagen und unter
die heiße Vanillecreme heben. Creme in eine große Schüssel füllen.

Für die Sauce:
Eigelb mit Zucker schaumig rühren, Speisestärke,
Zitronensaft, Wein und 125 ml Wasser langsam unterrühren.
Die Masse im Wasserbad bis kurz vor dem Siedepunkt
(Achtung: nicht kochen lassen) aufschlagen.
Weinsauce auf die Vanillecreme füllen und erkalten lassen.

Tipp: Wenn Kinder mitessen, Traubensaft statt Wein nehmen.

Kerzenpyramide

geschmiedete Kerzenpyramide
Hufeisen
Kranz aus Hafer
Ähren
Bienenwachs

Autoren haben das Vorrecht einzutreten,
wo sie es gelüstet,
durch Schlüssellöcher zu kommen und zu gehen,
auf dem Winde zu reiten,
alle Hindernisse,
welche Entfernung, Zeit und Schauplatz bieten könnten,
in ihrem Fluge auf und ab zu überwinden.

Charles Dickens

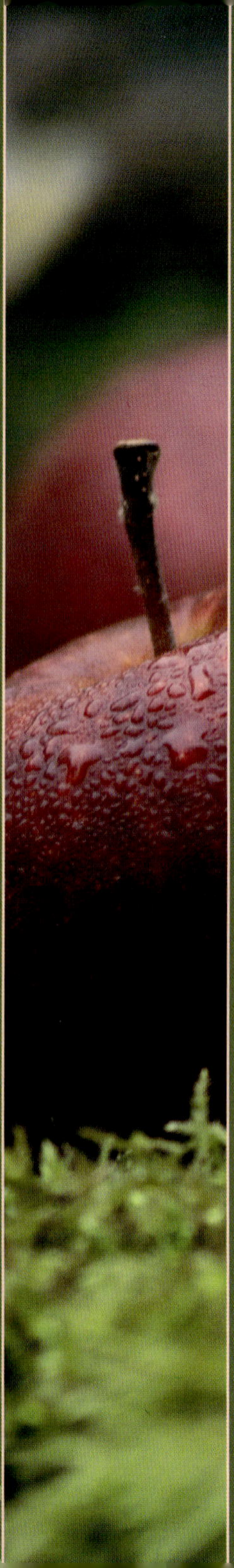

Weihnachten, freue dich Erd- und Sternenzelt

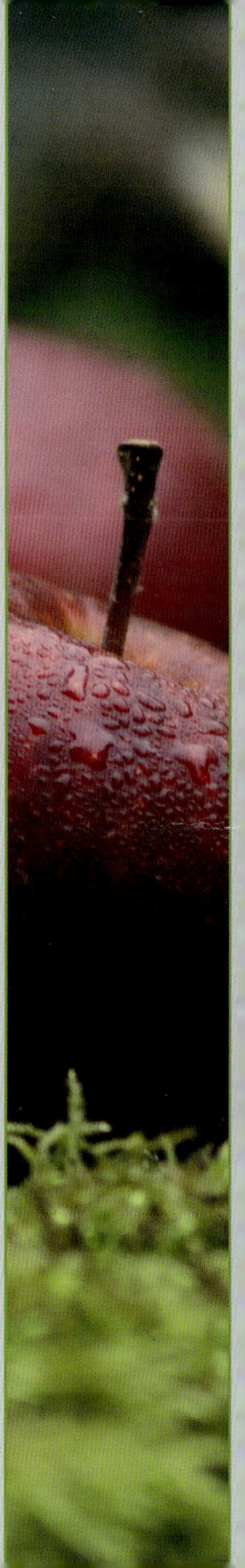

Die ersten Bäume, die sich auf

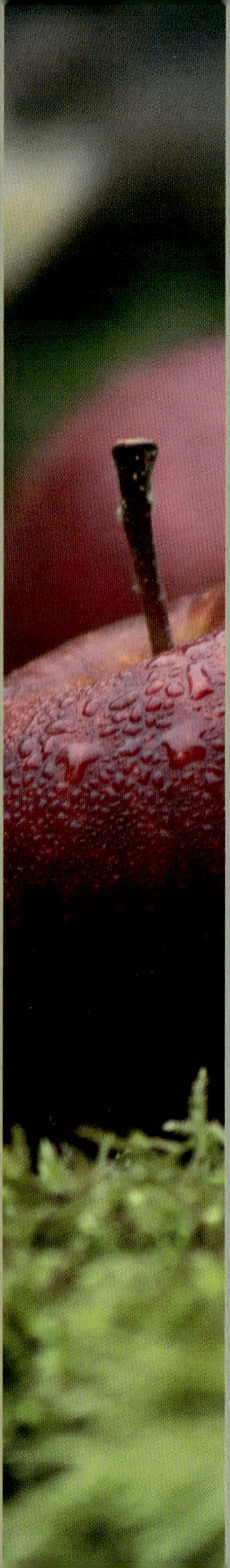

Weihnachten freuen!

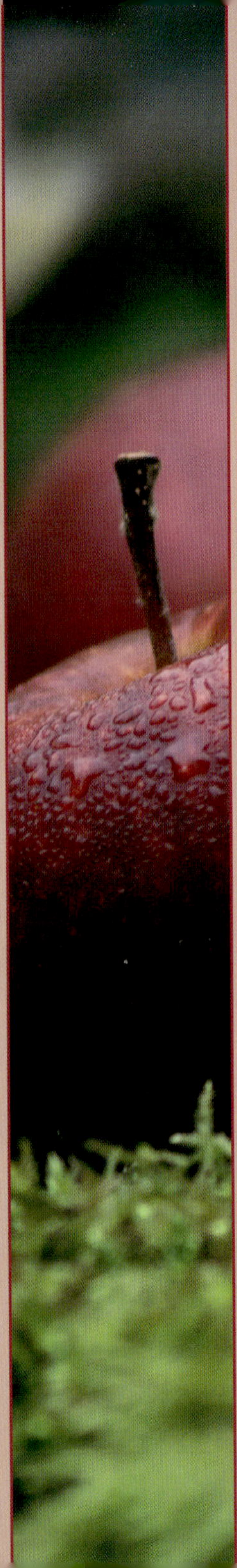

Kuller-Physalis

Kuller-Physalis

Physalis
Orangenlikör
trockener Sekt

Je Glas eine Physalis ohne Blattwerk in ein Sektglas geben, 1 cl Orangenlikör angießen, mit trockenem, gut gekühlten Sekt auffüllen. Sofort servieren.

Engel

Eichenbrett

Säge

Gesso

Kreide

Schlagmetall

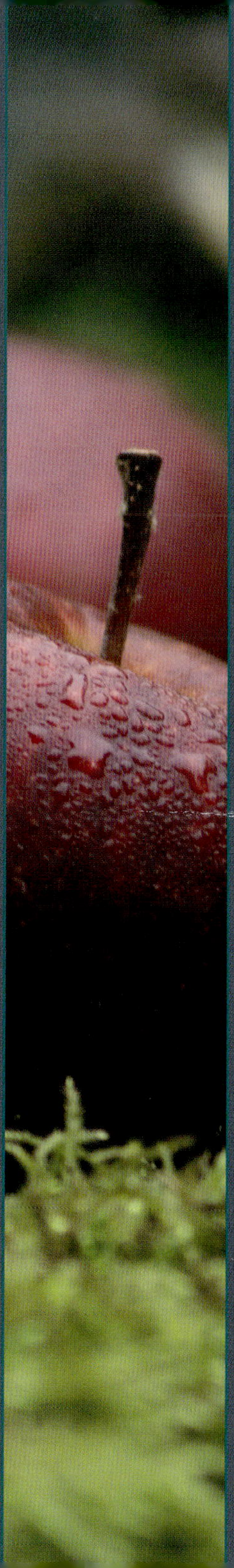

Weihnachts-Brunch

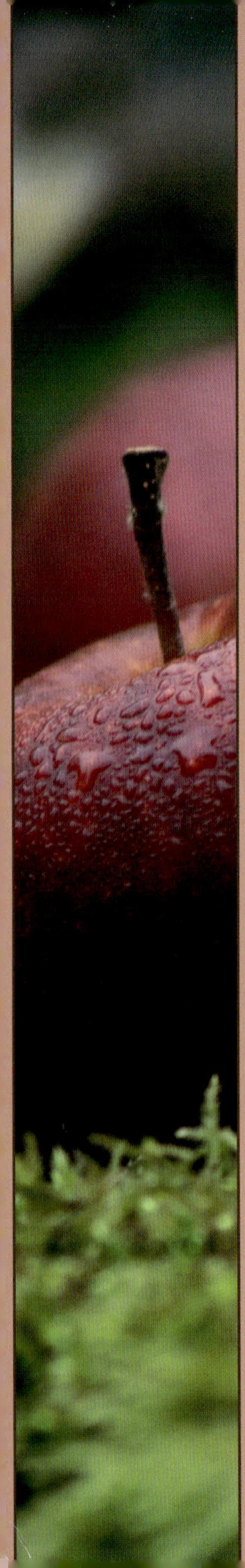

Steinpilzsüppchen mit Pilzscheiben
Für 6 Personen

1 l kräftige Geflügelbrühe
2 TL gemahlene Steinpilze
50 ml weißer Portwein
1 Stange Lauch
Salz, Pfeffer

2 große frische Steinpilze oder Kräuterseitlinge
2 EL Butter
Salz, Pfeffer

Brühe, gemahlene Steinpilze, Portwein und in grobe Stücke geschnittenen Lauch aufkochen. Die Brühe 10 Minuten köcheln, dann noch 30 Minuten ziehen lassen.
Brühe durch ein feines Sieb oder eine Filtertüte gießen, mit Salz und Pfeffer pikant abschmecken.

Frische Steinpilze mit einem weichen Tuch abreiben, jeden Pilz in 3 Scheiben schneiden. Butter erhitzen, die Pilzscheiben darin goldbraun braten, mit Salz, Pfeffer würzen. Steinpilzscheiben auf tiefe, vorgewärmte Teller verteilen, mit dem Steinpilzsüppchen auffüllen, sofort servieren.

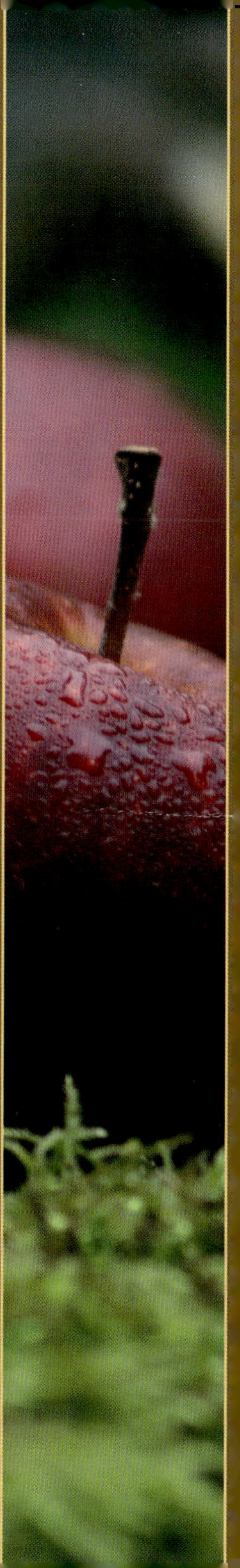

Mit Steinpilzsüppchen ...

... Entenbrust mit Hagebuttensauce ...

Entenbrust mit Hagebuttensauce
Für 6 Personen

Für die Sauce:
100 g rote Zwiebeln
20 g Butter
125 ml Rotwein
200 g Hagebuttenmus
200 g Sahne
1 EL eingelegte grüne Pfefferkörner
Pfeffer aus der Mühle
Salz
Paprikapulver

Für die Entenbrust:
2 große Entenbrustfilets (je etwa 350 g)
Salz, Pfeffer

Für die Sauce:

Zwiebeln abziehen und fein würfeln. Butter in einer Pfanne erhitzen, darin die Zwiebelwürfel schmoren, bis sie ganz weich sind. Mit Rotwein ablöschen, leicht einköcheln lassen, dann Hagebuttenmus und Sahne einrühren. Pfefferkörner mit einem großen Messer auf einem Brettchen grob hacken, in die Sauce geben.
Sauce 10 Minuten leicht köcheln lassen.
Mit Pfeffer, Salz und Paprikapulver pikant abschmecken.

Für die Entenbrust:

Den Backofen auf 80 °C Ober-/Unterhitze vorheizen.
Die Haut der Entenbrustfilets rautenförmig einschneiden, salzen, pfeffern. Eine Pfanne erhitzen, Entenbrustfilets mit der Hautseite nach unten ohne Fett anbraten, bis die Haut kross ist. Durch langsames Heißwerden kann das Fett besser austreten. Dann auf die Fleischseite wenden, kräfig anbraten, bis das Fleisch rund herum etwa 8 Minuten knusprig angebraten ist, mit Salz und Pfeffer kräftig würzen.
Fleisch mit der Pfanne im Backofen 40–50 Minuten (je nach Dicke der Filets) garen. Filets herausnehmen und in Alufolie einwickeln. Das Fett aus der Pfanne vom Fond abnehmen, den Fond aus der Pfanne in die Hagebuttensauce rühren.
Wenn die Sauce zu dünn wird, Sauce etwas einköcheln lassen.

Filets schräg in Scheiben schneiden, auf einer Platte anrichten.
Mit der Sauce servieren.

… und Balsamico-Schalotten …

Balsamico-Schalotten

1 kg kleine Schalotten
125 g Akazienhonig
100 ml Orangensaft
100 ml Balsamico
50 ml Rotwein

Die Schalotten schälen. Honig in einer Pfanne erhitzen, Schalotten darin leicht karamellisieren, mit Orangensaft, Balcamico-Essig und Rotwein auffüllen. Bei mittlerer Hitze im offenen Topf 30 Minuten sirupartig einköcheln. Bei Bedarf Wasser nachgießen. Schalotten in Schraubgläser füllen. Kalt zu Käse oder Fleischplatten servieren.

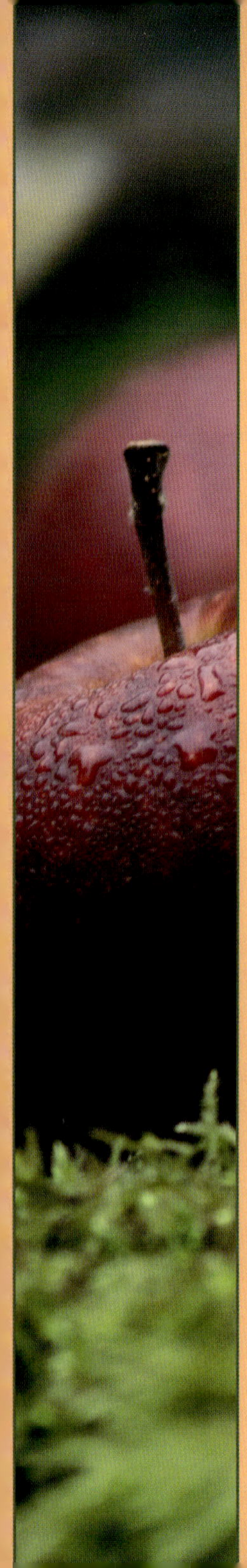

Garnelen in weißer Schokoladensauce

Für 4 Personen

Für die Garnelen:

3 Knoblauchzehen
6 EL Olivenöl
16 große rohe Garnelen
(ohne Schale, küchenfertig)
abgeriebene Schale 1 Bio-Zitrone
Salz, Pfeffer aus der Mühle
125 ml Weißwein
4 Blätter Minze
1EL Kaviar

Für die Schokoladensauce:

250 g Sahne
40 g weiße Kuvertüre
1 EL Hummersuppenpaste

Für die Garnelen:

Den Knoblauch schälen und fein hacken. In einer großen Pfanne Olivenöl erhitzen, Garnelen in die Pfanne geben, Knoblauch und Zitronenschale zugeben, mit Salz und Pfeffer würzen. Garnelen darin 2-3 Minuten braten. Mit dem Weißwein ablöschen, auf die Hälfte einkochen lassen.
Garnelen aus der Pfanne nehmen, kleingehackte Minze dazugeben und mit Kaviar anrichten.

Für die Schokoladensauce:

Die Sahne in die Pfanne geben und aufkochen lassen. Kuvertüre grob hacken. Kuvertüre und Hummersuppenpaste in die Sahne rühren und so lange langsam köcheln, bis die Sauce gebunden ist.
Die Sauce zu den Garnelen servieren.

... Garnelen ...

... Quinoasalat ...

Quinoasalat mit Pinienkernen

Für 4 Personen

Für die Quinoa:

200 g rote Quinoa-Samen
500 ml Gemüsebrühe

Für das Dressing:

1 kleine Knoblauchzehe
1 Bio-Orange
1 EL Mango-Chutney
3 EL Balsamico
1 kleine rote Chilischote
4 EL Walnussöl
Salz, Pfeffer aus der Mühle
50 g Pinienkerne

Für die Quinoa:

Quinoa in einem Topf mit der Gemüsebrühe bei mittlerer Hitze etwa 15 Minuten kochen, in ein Sieb gießen und gut abtropfen lassen.

Für das Dressing:

Knoblauchzehe schälen, durch die Knoblauchpresse in eine Schüssel drücken. Orange waschen, trocken reiben. Die Schale der Orange abreiben, Frucht halbieren, den Saft auspressen, mit Orangenabrieb, Mango-Chutney und Balsamico zum Knoblauch geben und verrühren. Chilischote halbieren, Kerne entfernen, ganz fein hacken. Zum Dressing geben, das Walnussöl unterrühren. Mit der Quinoa mischen, mit Salz und Pfeffer pikant abschmecken. Pinienkerne ohne Fett in eine Pfanne geben und rösten. Quinoasalat mit Pinienkernen mischen.

Blätterteig-Tannen

Für 8 Tannen

1 Rolle Blätterteig aus dem Kühlregal
1 Eigelb
2 EL Sahne

Backofen auf 180 °C Ober-/Unterhitze vorheizen.
Blätterteig ausrollen und 5 Minuten ruhen lassen
Aus dem Blätterteig mit einer Ausstechform Tannen ausstechen.
Eigelb und Sahne verquirlen.
Ein Backblech mit Backpapier auslegen, Blätterteigtannen darauflegen, mit der Eigelb-Sahne bepinseln.
Etwa 15 Minuten backen. Warm oder kalt servieren.
Die Tannen können auch vor dem Servieren wahlweise mit geriebenem Käse, mit Sesam oder Mohn bestreut werden.

... und Blätterteig-Tannen

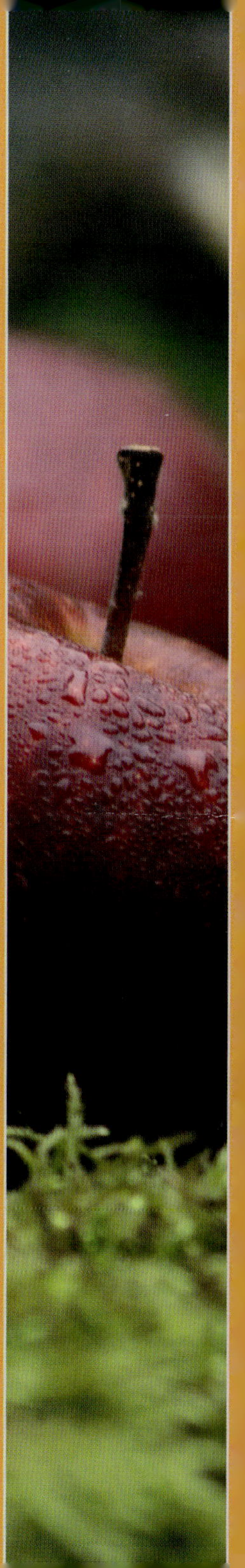

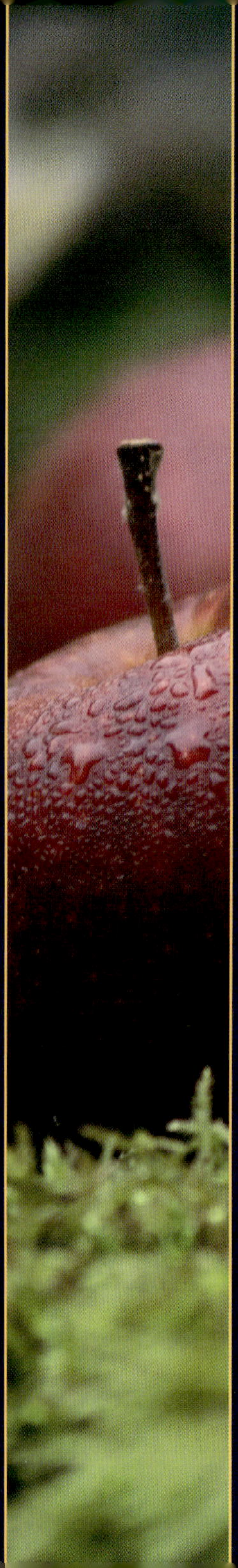

Noch mehr Bäume, die sich auf

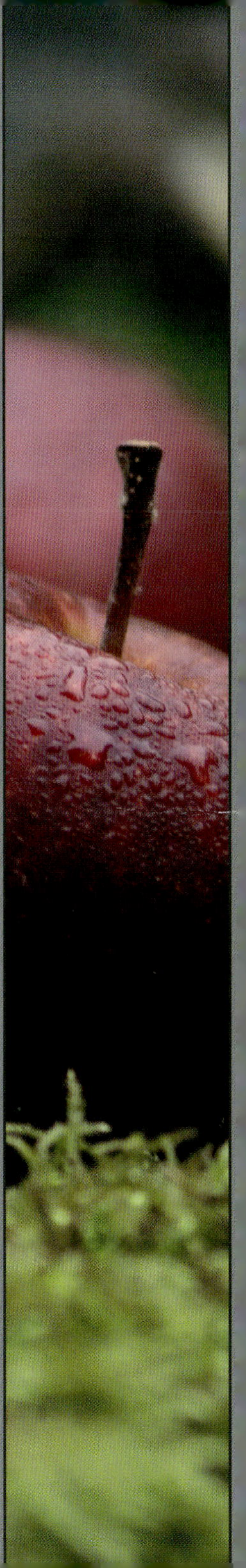

Weihnachten freuen!

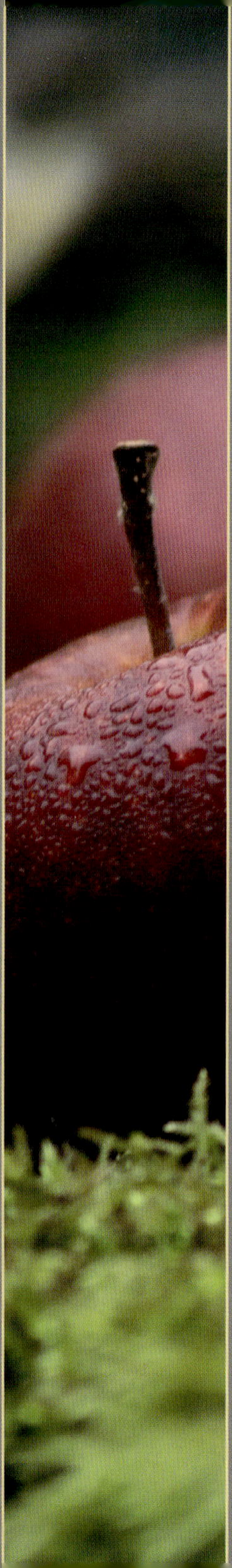

Weihnachtsengel trifft ...

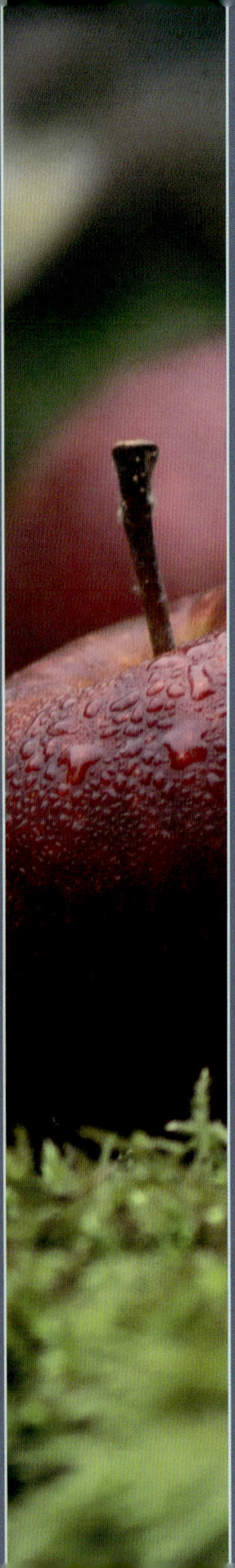

…Weihnachtsbäckerei mit …

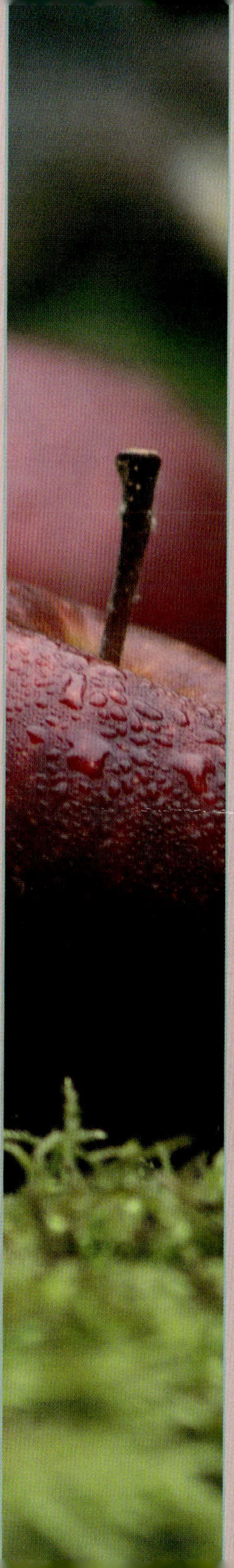

... gewürzten Zwillingsplätzchen ...

Gewürzte Zwillingsplätzchen
Ein Teig – zwei Plätzchensorten
Für etwa 45 Stück

Für den Grundteig:
400 g Mehl
200 g geröstete gemahlene Mandeln
200 g Rohrzucker
Mark von 1 Vanillestange
1 TL Zimt
1 gehäufte Msp. Nelkenpulver
2 Eier
300 g Butter

Für die ersten Zwillingsplätzchen:
100 g dunkle Kuvertüre
200 g Holunderbeerengelee
Puderzucker zum Bestäuben
Walnusskerne

Für die zweiten Zwillingsplätzchen:
100 g Mandelblätter

Backofen auf 180 °C Umluft vorheizen. Je Plätzchensorte 2 Backbleche mit Backpapier auslegen. Alle Teigzutaten in eine Schüssel geben und zu einem glatten Teig verkneten. Teig halbieren, 1 Stunde kühl stellen.

Von der ersten Teighälfte 2 Teigrollen formen (2 cm Durchmesser).
Teigscheiben abschneiden und walnussgroße Kugeln daraus formen.
In jede Kugel eine Vertiefung drücken. Plätzchen auf Backbleche setzen (nicht zu dicht setzen,Teig läuft etwas auseinander).
Etwa 20 Minuten backen.
Kuvertüre über einem Wasserbad schmelzen.
Gelee in einem Topf bei geringer Hitze erwärmen.
Die ausgekühlten Plätzchen mit Puderzucker bestäuben,
geschmolzene Kuvertüre
mit einer Gabel
darüber ziehen, mit Holunderbeerengelee füllen,
Walnusskern daraufsetzen.

Aus der zweiten Teighälfte
2 Rollen formen.Die beiden mit
Backpapier ausgelegten Backbleche mit Mandelblättern bestreuen.
Die Teigrollen in 0,5 cm dicke Scheiben schneiden.
Die Plätzchenscheiben auf die Mandelblätter legen.
Etwa 20 Minuten backen.

Teig abnehmen und Kinder ausrollen, austechen und mit bunten Zuckerperlen dekorieren lassen.

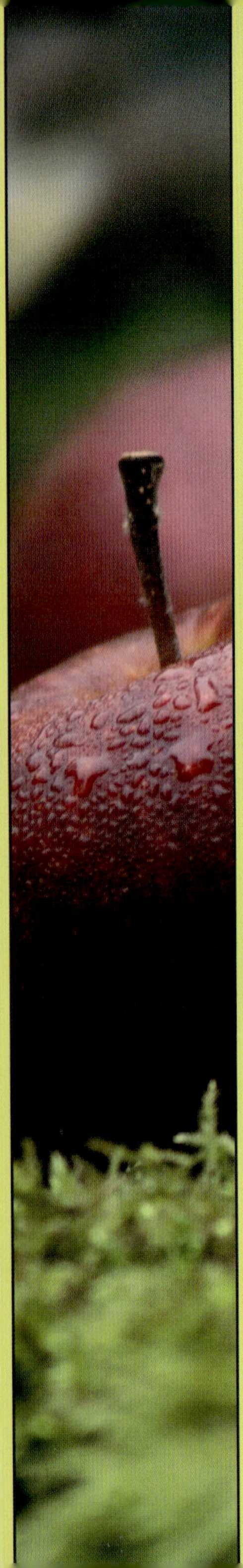

… Schokohappen …

Schokohappen
Für etwa 55 Stück

175 g Butter
300 g Rohrzucker
4 Eier
150 g grob gehackte Cashewkerne
75 g fein gehacktes Zitronat
75 g Rosinen
100 g grob geraspelte Zartbitterschokolade
30 g Kakaopulver
je 1 TL Zimt und Nelkenpulver
300 g Dinkelmehl
1 ½ TL Backpulver

Zum Garnieren:
200 g dunkle Kuvertüre
100 g Schokoladenröllchen

Backofen auf 180 °C Umluft vorheizen.
Ein Backblech mit Backpapier auslegen.

Butter, Zucker und Eier schaumig rühren. Alle weiteren Zutaten hinzufügen. Den Teig auf das Backblech geben und glatt streichen, 25 Minuten backen.
Den Teig auskühlen lassen. Kuvertüre über einem Wasserbad schmelzen. Die Teigplatte damit bestreichen, in 1,5 cm breite und 3 cm lange Rauten schneiden, mit Schokoladenröllchen belegen.

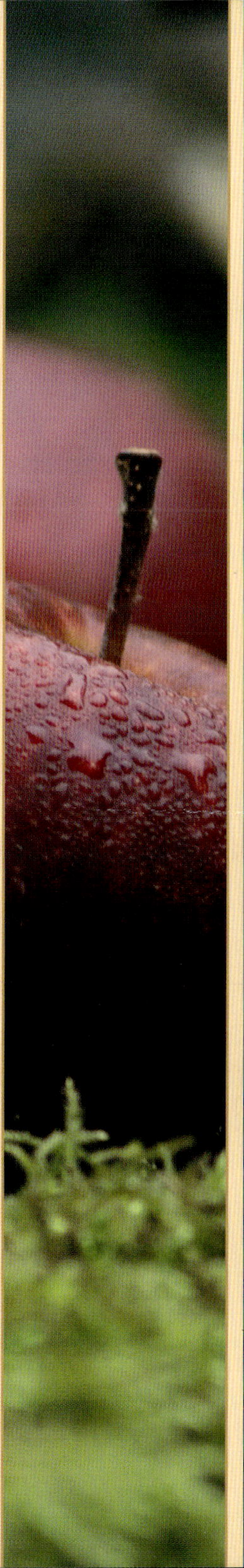

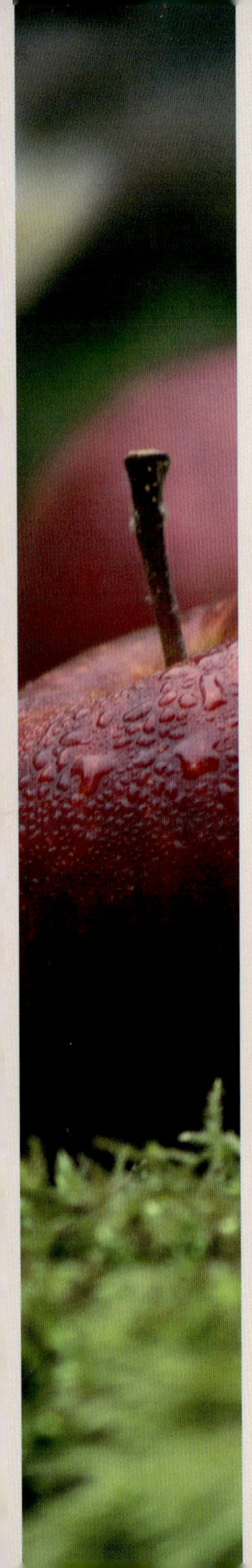

…Nussmakronen und Gewürzschnitten

Nussmakronen

Für etwa 30 Stück

- 4 Eiweiß
- 200 g Kristallzucker
- 1 Msp. Zimt
- 4 Tropfen Bittermandelaroma
- 50 g Marzipan
- 200 g in Scheiben geschnittene Haselnusskerne
- 150 g gemahlene Mandeln
- Scheibenoblaten

Zwei Backbleche mit Backpapier auslegen. Backofen auf 120 °C Umluft vorheizen.

Eiweiß ganz steif schlagen. Nach und nach Zucker, Zimt und Bittermandelaroma unterrühren. Marzipan auf einer Reibe grob raspeln. Nüsse und Marzipan auf den Eischnee geben, vorsichtig unterheben. Von dem Teig mit 2 Teelöffeln kleine Häufchen auf Oblaten setzen, in die Mitte eine ganze Mandel oder Haselnuss stecken.

Makronen etwa 30 Minuten backen.

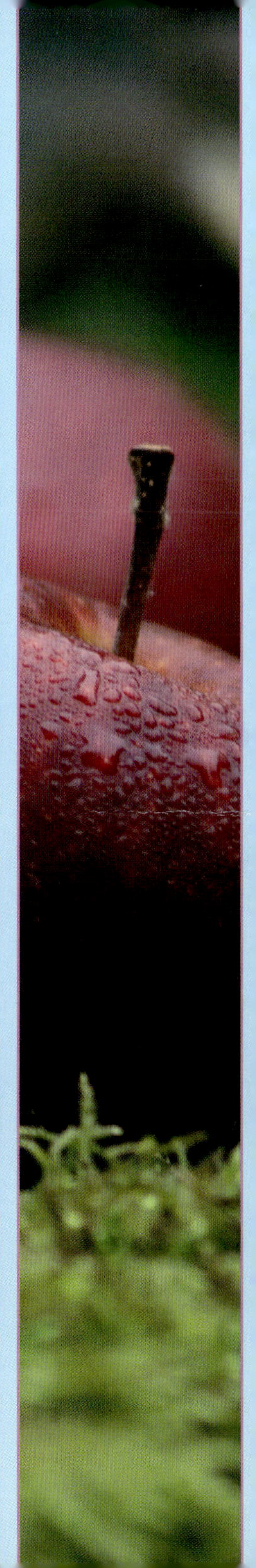

Gewürzschnitten

Zutaten: 150 g Butter
200 brauner Zucker
3 Eier
300 g. Mehl
1 Teel. Salz
1 1/2 " Natron / in 2 Eßl. Wasser aufl.
1 1/2 " Zimt
3/4 " gem. Nelken
3/4 " Kardamon
bis hier Teig erstellen
1 Tasse Apfelmus
125 g. Rosinen
50 g grob geh. Walnüsse
50 g Zitronat
50 g. gew. Orangeat
Zutaten untermengen
Guß: 200 g. Puderzucker
3 Eßl. Rum - / Wasser

Temperatur: 175 - 200°
25 - 30 Minuten
in kleine Stückchen schneiden
mit Walnüssen belegen

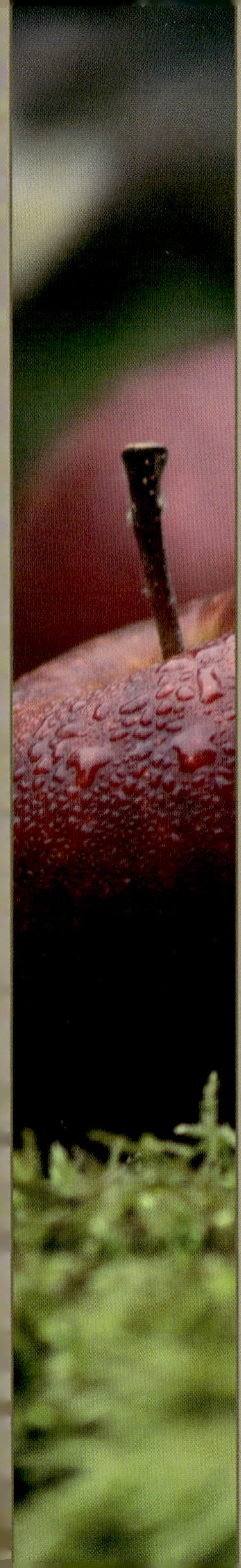

Spitzenbäume, die sich auf

Weihnachten freuen!

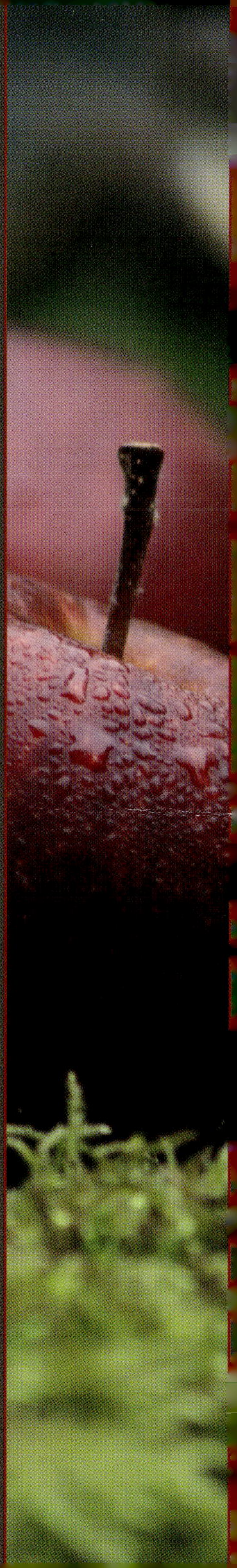

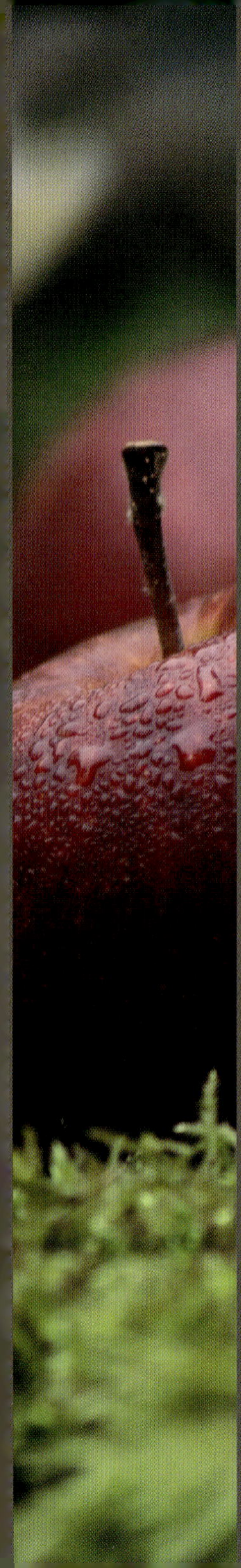

Papierbaum

- handgeschöpfte Papiere
- Spitze aus Schlagmetall
- bewachster Keramiktopf

Wachsbaum

- gesägter Styroporkorpus
- Kerzenwachs
- Goldfarbe

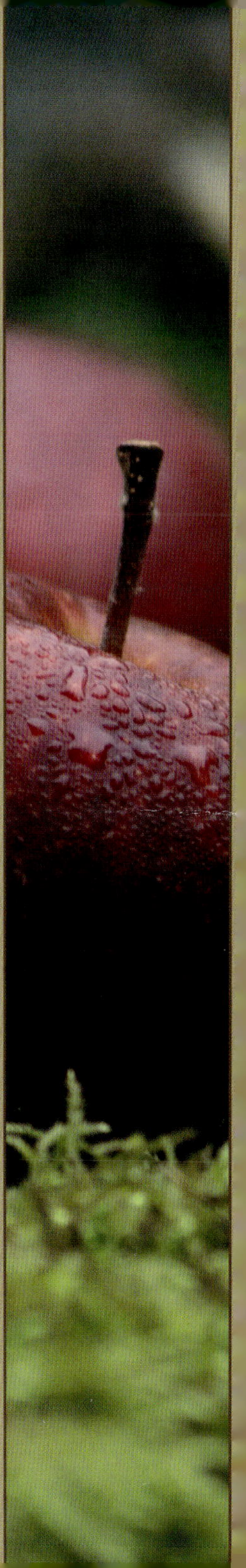

Weiße Käse-Mandeltorte

Weiße Käse-Mandeltorte

Für 1 Torte mit 12 Stücken

Für den Boden:
200 g Butterkekse
175 g Butter
50 g geröstete gehackte Mandeln
1 Msp. Zimt

Für die Füllung:
800 g Doppelrahmfrischkäse
250 g Mascarpone
geriebene Schale und Saft von
1 Bio-Zitrone und 1 Bio-Orange
130 g Zucker
1 Pck. Vanillezucker
10 Blatt weiße Gelatine
125 ml Weißwein
100 ml Holunderblütensirup oder -likör
400 g Sahne

Für die Dekoration:
50 g gehäutete ganze Mandeln
1 EL Zucker

Springform (28 cm Durchmesser) mit Backpapier auslegen. Butterkekse in einen Gefrierbeutel geben, mit einer Teigrolle zerbröseln.
Butter in einem Topf schmelzen.
Keksbrösel, Mandeln und Zimt mit der Butter mischen.
Masse als Boden in die Form drücken.
1 Stunde im Kühlschrank kalt stellen.

Doppelrahmfrischkäse mit Mascarpone, Zitronen- und Orangenschale, Zitronen- und Orangensaft, Zucker und Vanillezucker kräftig verrühren. Gelatine in kaltem Wasser einweichen. Weißwein in einem Topf erhitzen.

Gelatine aus dem Wasser nehmen, gut ausdrücken, im Weißwein auflösen. Holundersirup oder -likör unter Rühren zum Weißwein geben, dann unter die Käsecreme mischen.
Sahne steif schlagen, unter die Käsecreme heben.
Auf den Keksboden verteilen, Oberfläche glatt streichen.
Torte abdecken und mindestens 5-6 Stunden kalt stellen.

Ganze Mandeln in eine Pfanne geben,
mit Zucker bestreuen und bei nicht zu hoher Hitze goldbraun rösten und leicht karamellisieren.
Mandeln auf Alufolie geben, auskühlen lassen und vor dem Servieren dekorativ auf die Torte geben.

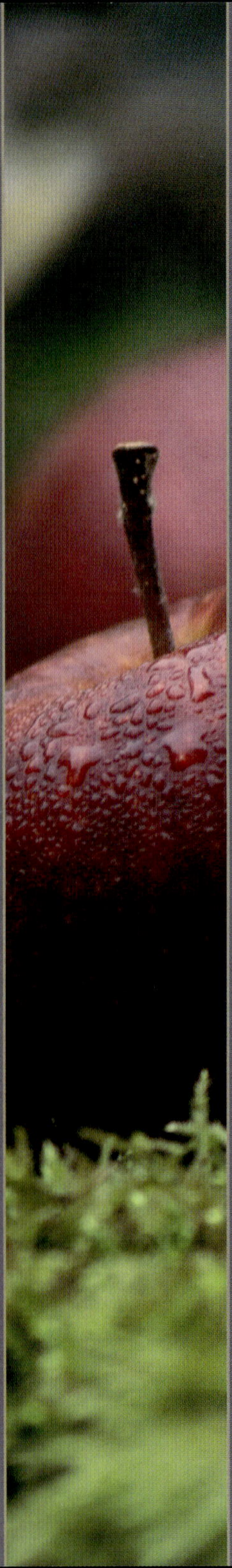

Kerzenschale

- rostige Eisenschale
- Springerleteigengel
- Eloxalfarben
- Gewürze
- Zapfen
- Sammelstücke

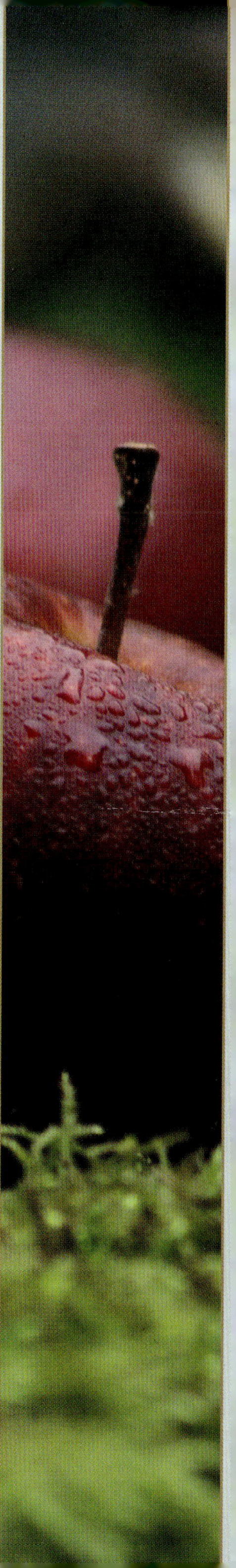

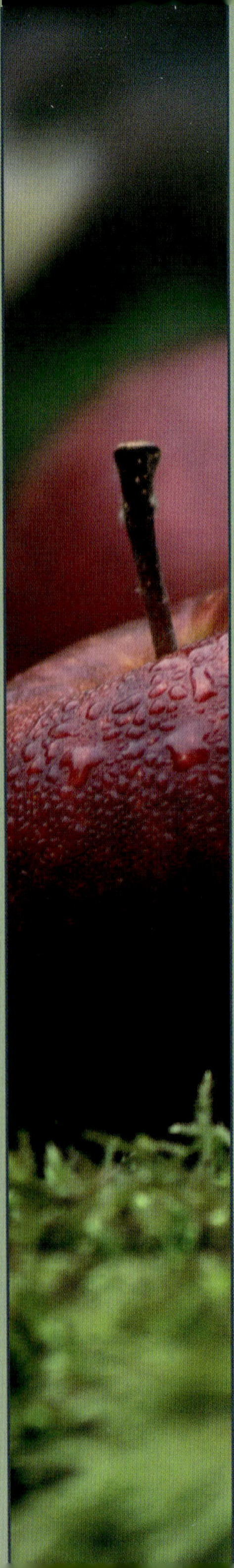

Störche in Grün

geformtes Drahtgestell

Schweißdraht

Moos

Grünsorten

Ruten

Wickeldraht

Große & kleine Bäume,

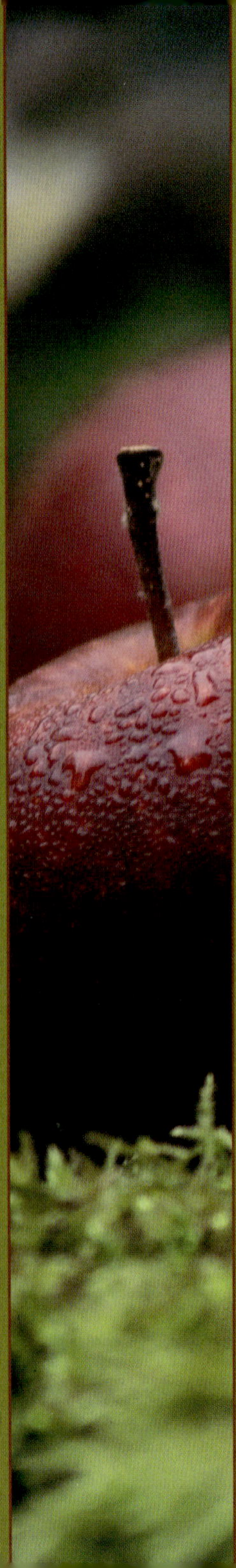

die sich auf Weihnachten freuen!

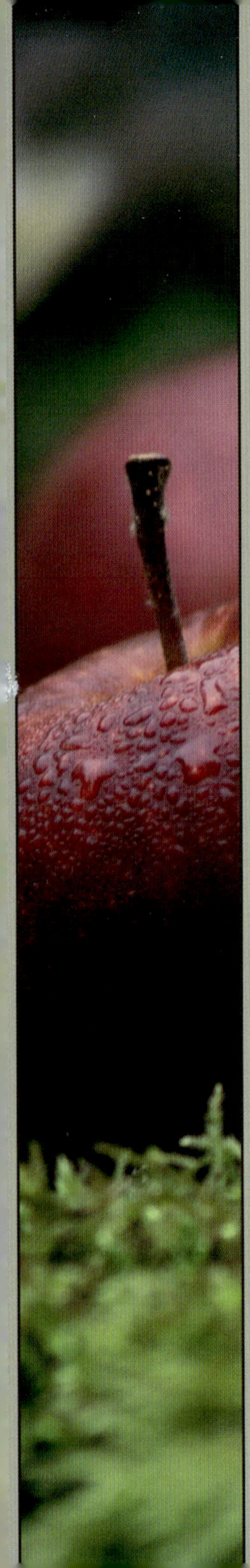

Ein Engelsflügel überwindet
Grenzen, Zeit und Raum,
streift uns alle, manchmal,
hüllt uns ein, tröstend,
gibt uns Kraft, ermutigend,
hält die Sehnsuchtswunde offen,
dass nicht alles käuflich wird.

Elke Schumacher

Frau Holle, Schnee wie im Märchen

Pferdeschlittenfahrt mit …

… Schneegestöber

Schneegestöber

Für 8 Personen

2 EL Preiselbeeren aus dem Glas
Saft und abgeriebene Schale
von 1 Bio-Zitrone und 1 Bio-Orange
2 Sternanise
4 Nelken
½ entkernte Chilischote
1 cm frischer, geschälter Ingwer
750 ml Cranberrysaft
750 ml Rotwein
Zucker nach Belieben

Alle Zutaten in einen Topf geben und erhitzen. Flüssigkeit im geschlossenen Topf 1 Stunde ziehen lassen, durch ein Sieb in einen Topf gießen. Abschmecken, nach Wunsch mit Zucker süßen und heiß servieren.

Schlittensandwiches und ...

Wildschweinfilet und Kräuterseitling

Für 4-6 Personen

200 g Frischkäse mit 1 EL Preiselbeeren, 1 TL grünen gehackten Pfefferkörnern, Salz und Pfeffer aus der Mühle verrühren. 8 Baguettebrötchenhälften damit bestreichen, mit Feldsalat und 16 Scheiben gebratenem Wildschweinfilet belegen. 2 Kräuterseitlinge in 0,5 cm dicke Scheiben schneiden, in wenig Pflanzenöl braten, mit Salz und Pfeffer aus der Mühle würzen. Pilzscheiben auf den Wildschweinfilets anrichten.

Schinken und Gurke

Für 4-6 Personen

200 g Frischkäse mit 1 TL grobem Dijonsenf verrühren, 8 Roggenbrothälften damit bestreichen, mit Gurken und Schinkenscheiben belegen, mit gehackten Walnusskernen und Schwarzkümmelsamen bestreuen.

Schafskäse und Rucola

Für 4-6 Personen

8 Bauernbrotscheiben mit Kräuterbutter bestreichen, mit Ruccolablättern, Schafskäse, halbgetrockneten Tomaten und Oliven belegen.

Sprotten und Radicchio

Für 4-6 Personen

2 hartgekochte Eier pellen und fein hacken, 1 EL Kapern, 1 EL feingehackter Dill mit 100 g Mayonnaise verrühren. 1 Sesamfladenbrot achteln, mit der Creme bestreichen, mit Radicchioblättern, Gurkenscheiben und Sprotten belegen.

… Schlittensnacks mit …

… pikanten Gewürzgurken …
… Sauerkrautsalat und …
… Rote-Bete-Salat

Rote-Bete-Salat, Meerrettichklecks und Rollmops

Für 4 Personen

4 kleine Rote-Bete-Knollen

Für das Dressing:

1 Schalotte
3 EL Balsamico
4 EL Sonnenblumenöl
1 EL Akazienhonig
Salz, Pfeffer aus der Mühle
1 Apfel
2 Gewürzgurken
½ EL Kapernfrüchte

Für die Creme:

100 g Crème fraîche
50 g Sahnemeerrettich
4 kleine Rollmöpse

Rote-Bete-Knollen waschen und mit Wasser bedeckt etwa 50 Minuten kochen. Abgießen, auskühlen lassen, schälen, in kleine Würfel schneiden.
Für das Dressing Schalotte schälen, in kleine Würfel schneiden, mit Essig, Öl, Honig, Salz und Pfeffer verrühren.
Rote-Bete-Würfel mit dem Dressing mischen.
Apfel waschen, vierteln, Kerngehäuse entfernen. Mit den Gewürzgurken in kleine Würfel schneiden. Kapern fein hacken, unter den Rote-Bete-Salat mischen. Salat in kleine Gläser füllen.
Crème fraîche mit Sahnemeerrettich verrühren und mit den Rollmöpsen auf den Salat geben.

Sauerkrautsalat im Glas

Für 4 Personen

500 g frisches Sauerkraut
1 Schalotte
1 Birne
Saft von 1 Zitrone
100 g lufttrockene Mettwurst
100 g Bergkäse

Für das Dressing:

1 TL Dijonsenf
1 EL Honig
2 EL Birnen- oder Apfelsaft
4-5 EL Sonnenblumenöl
Salz, Pfeffer aus der Mühle

Sauerkraut mit kaltem Wasser waschen, gut ausdrücken und klein schneiden. In eine Schüssel geben.
Schalotte schälen, in feine Würfel schneiden.
Birne waschen, vierteln, entkernen, in Würfel schneiden.
Zitrone auspressen, Saft direkt zu den Birnenwürfeln geben.
Mettwurst und Bergkäse in feine, etwa 1 cm lange Streifen schneiden.

Dijonsenf, Honig, Birnen- oder Apfelsaft verrühren, Öl kräftig unterrühren, mit Salz und Pfeffer würzen.
Dressing und Salatzutaten mischen, pikant abschmecken und 1 Stunde ziehen lassen.

Gewürzgurken pikant

Für 8 Gläser mit Schraubverschluss (je 300 ml)

2 kg Einlegegurken
200 g Salz
1 l Weinessig
2 EL Salz
500 g Kandiszucker
500 g Perlzwiebeln
1 EL Pimentkörner
1 EL weiße Pfefferkörner
1 EL Senfkörner
1 Lorbeerblatt
1 Dillblüte (oder 2 Zweige Dill)

Gurken waschen, mit Salz bestreuen und 12 Stunden ziehen lassen.
Gurken abspülen, trocken reiben.
Essig mit 1 l Wasser, Salz und Kandiszucker aufkochen.
Gläser keimfrei spülen. Gurken in die Gläser stecken. Perlzwiebeln schälen.
Zwiebeln, Pimentkörner, Pfefferkörner, Senfkörner, Lorbeerblatt, Dillblüte oder Dillzweige zugeben und mit dem kochenden Sud aufgießen.
Sofort fest verschrauben.
Bei Zimmertemperatur abkühlen lassen.
Mindestens 4 Wochen ziehen lassen.

Vollblutweib

Metallständer
Draht
Papier
Mörtel
Spachtel
Farben
Klarlack

Königskuchen

Königskuchen
Für 1 Kastenform

250 g weiche Butter
200 g Zucker
Mark von 1 Vanilleschote
1 Prise Salz
6 Eier
450 g Mehl
4 TL Backpulver
100 g gehackte Mandeln
250 g Rumrosinen
200 g rote Belegkirschen
50 g Zitronat
Puderzucker zum Bestäuben

Backofen auf 175 °C Ober-/Unterhitze vorheizen. Butter mit einem Handmixer eine halbe Minute schaumig rühren. Zucker, Vanillemark und Salz dazugeben. Eier nach und nach unterrühren. Mehl und Backpulver mischen, sieben, mit der Milch unter die Eimasse rühren. Gehackte Mandeln, Rumrosinen, Belegkirschen und Zitronat vorsichtig unter den Teig heben. Eine Kastenform gut ausbuttern. Teig in die Form füllen und etwa 55–60 Minuten backen. In der Form 10 Minuten ruhen lassen, dann aus der Form stürzen und mit Puderzucker bestäuben.

Auf Kufen an die...

...Schneebar

Mit Frostbeule ...

... Schneehexe ...

Frostbeule

Für 24 Gläser

250 ml Pflaumensaft
250 ml Rotwein
750 ml Pflaumenlikör
1 Zimtstange
abgeriebene Schale von 1 Bio-Orange
200 g Trockenpflaumen

200 g Sahne

Alle Zutaten in einen Topf geben, 7 Minuten ohne Deckel kochen lassen. Danach die durchgezogenen Trockenpflaumen mit Gewürzlikör in ein Schraubglas füllen und 2 Tage ziehen lassen. Eine Pflaume und 4 cl Gewürzlikör in ein Likörglas geben. Sahne steif schlagen, jeweils einen Klecks in jedes Glas geben.

Schneehexe

Für 4 Gläser

1 Williams-Birnenhälfte der Länge nach vierteln, Kerngehäuse entfernen, mit Zitronensaft kräftig marinieren und durchziehen lassen. Je ein Birnenstück in ein Glas geben, mit 2 cl Williamsgeist auffüllen.

… Käsekrapfen …

Käsekrapfen
Für 12 Krapfen

125 g Milch
½ TL Salz
30 g Butter
75 g Mehl
3 Eier
150 g grob geriebener Bergkäse
Sesam oder Schwarzkümmel zum Bestreuen

Backofen auf 200 °C Ober-/Unterhitze vorheizen. Milch, Salz und Butter in einen Topf geben, aufkochen lassen, Mehl einrühren. Teig bei geringer Hitze rühren, bis sich ein glatter Kloß bildet. Eier nach und nach mit dem Knethaken unter den Teig geben, 10 Minuten auskühlen lassen, Käse unterrühren. Mit 2 Teelöffeln kleine Häufchen auf ein mit Backpapier ausgelegtes Backblech setzen, mit Sesam oder Kümmel bestreuen.
20–25 Minuten goldbraun backen.

Knusperstangen
Für etwa 30 Stangen

2 Rollen Blätterteig (aus dem Kühlregal)
1 Ei
100 g geriebener Parmesan
3 EL Sesam
3 EL Schwarzkümmel

Blätterteigplatten auseinanderrollen. Ei verquirlen, Blätterteig jeweils von einer Seite damit bestreichen. Parmesan, Sesam und Kümmel mischen, Eine Teigplatte damit bestreuen. Die andere Teigplatte mit der bepinselten Seite darauflegen, kräftig andrücken. Teigplatte in 1 cm breite Streifen schneiden, spiralenförmig aufdrehen, auf ein mit Backpapier ausgelegtes Backblech legen. Bei 180 °C Umluft 10-15 Minuten backen.

… Knusperstangen …

Karamellisierte Paranüsse

200 g Paranüsse
2 EL Zucker
1 Msp. Zimt

Paranüsse, Zucker und Zimt in eine Pfanne geben und bei mittlerer Temperatur leicht karamellisieren. Ein Backblech mit Alufolie belegen, Paranüsse darauf verteilen, auskühlen lassen.

Luftdicht verpacken.

Schoki-Früchte

100 g Schokolade, 75 % Kakaoanteil
400 g Trockenfrüchte, z. B. Aprikosen, Apfelringe, Mangospalten

Schokolade grob hacken, bei schwacher Hitze über einem Wasserbad schmelzen. Früchte jeweils zur Hälfte in Schokolade tauchen. Früchte auf Alufolie oder Backpapier legen und trocknen lassen.

Luftdicht verpacken.

... Paranüsse und Schokifrüchte

Wachsengel

Strohkranz
Papier
Wachs
Farben

Acrylglasständer
Styroporkorpus
Wachs
Metallfolie

Wachskranz

Das Außergewöhnliche geschieht nicht

auf glattem, gewöhnlichem Wege.

Johann Wolfgang von Goethe

Draußen vom Walde komm ich her

Wächter Tannenspitze

Metallfuß
abgelagerte
Zaunpfosten
Draht
Papier
Mörtel
Messer
Farben
Zepter

alter
Christbaum-
ständer
alte Hölzer
Säge
Wachs
Zapfen
Sterne
Äste

Waldsuppe mit Quittenkompott

Waldsuppe mit Maronen und Pilzen

Für 6 Personen

600 g Wildschweinfleisch aus der Keule geschnitten
1 EL Butterschmalz
500 ml Wildfond
100 g Zwiebeln
40 g Schinkenspeck
250 ml Rotwein
100 ml Gemüsebrühe
Salz, Pfeffer
1 kleiner Zweig Thymian
1 kleiner Zweig Rosmarin
200 g Pfifferlinge
400 g braune Champignons
250 g gekochte Maronen (vakuumverpackt)
1 EL Quittenkompott
2 EL Preiselbeeren

6 Brottassen (beim Bäcker vorbestellen und backen lassen)

Für die Waldsuppe:

Fleisch in 1,5 cm breite Streifen schneiden und in heißem Butterschmalz anbraten. Nach und nach mit Wildfond ablöschen und wieder einkochen lassen. Das Fleisch aus der Pfanne nehmen.
Zwiebeln pellen, in kleine Würfel, Schinken in dünne Streifen schneiden. Zwiebeln und Schinken in der Pfanne im Bratensatz anrösten.
Fleisch zugeben, mit dem Wein, dem restlichen Wildfond und 100 ml Gemüsebrühe auffüllen. Alles kurz aufkochen lassen, bei kleiner Temperatur 50 Minuten leise köcheln lassen.

Mit Salz, Pfeffer würzen und Thymian- und Rosmarin-Zweig hinzufügen. Pfifferlinge und Champignons mit einem Pilzbürstchen abbürsten, vierteln und nach 30 Minuten Garzeit in die Suppe geben. Gleichzeitig Maronen zugeben, 5 Minuten köcheln lassen. Thymian- und Rosmarin-Zweig entfernen. Suppe mit Salz und Pfeffer abschmecken.

Suppe in Brottassen füllen, mit 1 EL Quittenkompott und 1 TL Preiselbeeren garnieren, Brotdeckel anlegen und servieren.

Quittenkompott

1 EL Butter
2 cm frischer Ingwer
4 Quitten
150 ml naturtrüber Apfelsaft
1 EL Ahornsirup
Saft von 1 Zitrone
Pfeffer

Butter erhitzen. Ingwer schälen, in ganz feine Würfel schneiden. Ingwer in Butter andünsten. Quitten schälen, in Spalten schneiden, Kerngehäuse entfernen, die Spalten in Würfel schneiden. Quittenwürfel mit Apfelsaft und Ahornsirup zum Ingwertopf geben, 10 Minuten dünsten.
Quittenkompott mit Zitronensaft und Pfeffer abschmecken.

Studentenfutter-Schokolade

100 g Haselnusskerne
100 g gehäutete Mandeln
40 g Pistazienkerne
2 EL getrocknete Berberitzen
2 EL getrocknete Cranberrys
1 EL rote Pfefferkörner
400 g Edelbitter-Schokolade, 70 % Kakaoanteil

Backofen auf 180-200 °C Ober-/Unterhitze vorheizen. Haselnusskerne im Backofen rösten, auf ein Küchenkrepp geben, die Haut gut und kräftig abrubbeln. Mandeln ebenfalls im Backofen goldbraun rösten. Geröstete und abgekühlte Haselnusskerne, Mandeln, Pistazien, Berberitzen, Cranberrys und Pfefferkörner mischen. Schokolade im Wasserbad vorsichtig schmelzen. Ein Backblech zur Hälfte mit Backpapier auslegen, die Schokolade darauf laufen lassen, die Nuss-Beerenmischung darauf verteilen. Schokolade fest werden lassen. Danach die Schokolade in Stücke brechen. Kühl lagern.

Studentenfutter-Schokolade

Walnusstorte

Walnusstorte
Für 1 Torte mit 12-16 Stücken

4 Eier
120 g Zucker
2 EL Rum
2 EL Zitronensaft
75 g Mehl
75 g Speisestärke
75 g gemahlene Walnusskerne
1 EL Backpulver

3 Blatt weiße Gelatine
200 ml Eierlikör
600 g Sahne
Mark von 1 Vanilleschote
2 EL Fichtennadelhonig
100 g fein gehackte Walnusskerne

dunkle Kuvertüre
10 Walnusshälften

Backofen auf 180 °C Ober-/Unterhitze vorheizen.
Eier trennen, Eigelb mit Zucker, Rum und Zitronensaft schaumig schlagen. Eiweiß steif schlagen. Mehl, Speisestärke, Walnusskerne und Backpulver mischen, abwechselnd mit dem Eischnee unter die Eigelbmasse heben.
Eine Springform (26 cm Durchmesser) mit Backpapier auslegen, Teig einfüllen. 40-45 Minuten backen. Boden gut auskühlen lassen.
Gelatine in kaltem Wasser 15 Minuten einweichen, anschließend gut ausdrücken.
2 EL Eierlikör in einen Topf geben, erhitzen, Gelatine darin auflösen. Den restlichen Eierlikör unterrühren und unter gelegentlichem Rühren leicht stocken lassen.
Sahne steif schlagen, unter die Eierlikörcreme heben, Vanillemark unterrühren, mit Honig abschmecken. Walnusskerne unterrühren.
Tortenboden zweimal waagerecht durchschneiden, mit zwei Dritteln der Walnusssahne füllen und zusammensetzen. Mit der restlichen Sahne den Teigdeckel bestreichen. Kuvertüre über einem Wasserbad schmelzen. Die Torte mit Kuvertüre und Walnusshälften garnieren.

Apfelquitte

Kohlebäume

drei Schrankrückwände
Säge
Mörtel
Spachtel
Messer
Pinsel
Farben

Holzsteelen
Metallrohre
Styropor
Draht
Kleister
Kohle
Pinsel
Farben

Wald mit…

…Bewohnern

Vogelfutter-Trog

Vogelfutter-Trog

Für 1 Kasten- oder Bambusform

3 Eier
250 g Speisequark
200 ml Öl
100 g Rosinen
100 g gehackte Nüsse
100 g Sonnenblumenkerne
100 g Kürbiskerne
200 g grobe Haferflocken
250 g Mehl
1 EL Öl zum Auspinseln der Form
1 EL Paniermehl zum Ausstreuen der Form

Backofen auf 170 °C Ober-/Unterhitze vorheizen. Alle Zutaten miteinander verrühren. Form ausfetten, mit Paniermehl ausstreuen. Teig einfüllen, die Futtermasse 40-50 Minuten backen. Form im Ganzen oder stückchenweise in den Garten legen. Reste im Kühlschrank aufbewahren.

Blütenfutter

alte Rehrücken-
und Blütenform
Pflanzenfett
Vogelfutter

Hagebuttenfutter

Wildhagebutte
Draht

Hagebutten

Efeu

Efeublüten

Draht

Eistütenfutter

Metallständer
Tapete
Wachs
Pflanzenfett
Beeren
Nüsse

Erlenfutter

Strohkranz
Schwarzerlenzapfen
Krampen

Mittag

Rings alles still - wohin man horcht und späht,
Im schatt'gen Walde, wie auf lichter Flur;
Nicht einmal eines einz'gen Vogels Laut,
Kein Blattgesäusel, keines Hauches Wehn,
Denn die Natur hält ihren Odem an.

Weißglühend senkt die Sonne scheitelrecht
Ihr Strahlenmeer herab aufs stille All,
Und kein Gewölk am ganzen Horizont
Erspäht der Blick, nur eine weiße Flocke
Hängt leuchtend dort, ganz einsam, wie verloren,
Ganz regungslos im glühenden Azur.

„Es schlummert Pan", so redeten sie einst.
„Seid stille, stört den Geist des Waldes nicht."
Nun aber ist er tot, der alte Pan.
Und mit ihm sind gestorben der Dryaden
wie der Najaden gütige Gestalten,
Die schützend tief im Walde Wohnenden,
In grüner, quelldurchrauschter Einsamkeit -
Dahin die ganze alte schöne Welt.

Du aber, Mensch, befolge noch das Wort;
Sei still in wunderbarer Mittagszeit,
Daß du den Traum des Waldes nimmer störst
Durch wüsten Lärm, und laß die Arbeit ruhen
Und ruhe selbst und träume. Es ist süß,
Ganz aufzugehen in das große Schweigen
Und eins zu werden mit der Natur.

Hermann Ludwig Allmers

Silvester, Ende und Anfang an einem Tag

Korkenkranz

Strohkranz
Korken
Kokosfasern
Klebepistole

Hibiskus trifft Champagner
Für 6 Personen

1 Glas Hibiskusblüten in Sirup
6 TL Hibiskusblüten-Sirup
Champagner zum Auffüllen

Je 1 Hibiskusblüte in
Ein Champagnerglas füllen,
je Glas 1 TL Sirup zugeben,
mit gut gekühltem
Champagner auffüllen.

Starters

Parmesantüten
Für 6 Personen

200 g feingeriebener Parmesan
1 EL weiße Sesamsaat

Backofen auf 180 °C Ober-/Unterhitze vorheizen. 2 Backbleche mit Backpapier auslegen.
Parmesan und Sesamsaat mischen.
Eine Ausstechform (etwa 8 cm Durchmesser) auf das Backpapier setzen, Kreise aufzeichnen.
Jeweils 3 TL von der Parmesan-Sesam-Mischung gleichmäßig auf jeden Kreis verteilen.
Immer nur 3 Kreise im Backofen 3-5 Minuten backen, bis der Käse geschmolzen und goldbraun ist.
Vom Backblech nehmen und sofort zu Tüten aufrollen. Abkühlen lassen.
Nach und nach alle Taler abbacken und aufrollen.

Gold-Minis

Für 12 Stück

2 EL Öl zum Einfetten
2 Eier
1 TL nicht zu feines Kräutersalz
250 ml Milch
120 g Mehl
30 g gehackte Mandeln
200 g Ziegenfrischkäse
2 EL Akazienhonig
½ EL Goldstaub

Backofen auf 220 °C Ober-/Unterhitze vorheizen. Eine Muffinform mit kleinen Mulden mit Pflanzenöl auspinseln, auf mittlerer Schiene in den Backofen stellen.
Eier, Kräutersalz, Milch, Mehl und Mandeln in eine Schüssel geben und mit einem Handmixer gut verquirlen. Die heiße Form aus dem Backofen nehmen und den Teig in 12 Mulden füllen. Jeweils einen halben TL Ziegenfrischkäse in den Teig geben und die Form für 10 Minuten zurück in den Backofen stellen. Backofen auf 200 °C herunterschalten und weitere 15 Minuten backen. Muffins aus der Form lösen. Honig leicht erwärmen, Muffins an der Oberfläche mit Honig bepinseln, sofort leicht mit Goldstaub bestäuben.

Fischerhappen

Für 6 Personen

200 g Sahnefrischkäse
200 g Stremellachs
1 TL Zitronensaft
1 EL fein gehackte glatte Petersilie
1 EL fein gehackte Zitronenmelisse
½ TL rote Pfefferbeeren
Salz
6 Röschen Tête de Moine

Sahnefrischkäse mit dem Handmixer schaumig aufschlagen. Stremellachs von der Haut befreien, klein zupfen, mit dem Zitronensaft, den Kräutern, Pfefferbeeren und Salz nach Belieben kräftig verrühren. Kleine Blätterteigschälchen oder Baguettescheiben damit füllen oder bestreichen.
Mit Käseröschen garnieren.

Blätterteigstangen mit Ziegenfrischkäse und Honig-Pinienkernen

Für 6 Personen

1 Blätterteigrolle (aus dem Kühlregal)
1 Eigelb
1 EL Sahne
60 g Pinienkerne
1 TL feingehackte Rosmarinnadeln
1 EL Honig
200 g Ziegenfrischkäse

Backofen auf 200 °C Ober-/Unterhitze vorheizen. Blätterteigrolle ausrollen, 15 Minuten bei Raumtemperatur ruhen lassen.
Ei und Sahne verquirlen, die Teigplatte damit bestreichen.
Teigplatte in 1 x 5 cm lange Streifen schneiden, auf ein mit Backpapier ausgelegtes Backblech legen.
Im Ofen 8-10 Minuten goldbraun backen. Teigstangen auskühlen lassen.
Pinienkerne, Rosmarin und Honig mischen.
Ziegenfrischkäse glatt rühren, in einen Spritzbeutel füllen und auf die Blätterteigstangen spritzen. Honig-Pinienkerne darauf verteilen.

Silvesterdinner

Jakobsmuscheln auf Fenchel
Mandel-Rieslingsuppe
Pommes Duchesse
Roastbeef
mit Wacholder-Remoulade
Gemüseplatte
mit Erbsenschoten,
Mini-Spargel und
karamellisierten Schwarzwurzeln
Chilischokoladen-Mousse
an Himbeersauce
Petits-Fours-Türmchen

Jakobsmuscheln auf Fenchel

Für 6 Personen

6 Jakobsmuscheln
1 Fenchelknolle
2 EL Olivenöl
1 TL Orangenhonig
Salz, Pfeffer

100 g Mayonnaise
100 Crème fraîche
2 Blutorangen
1 TL Orangenlikör
Salz, Pfeffer

100 g Scampi
2 EL Kaviar
1 Zweig Dill

Frische Jakobsmuscheln aus der Schale lösen, säubern, waschen und trocken tupfen (TK-Muscheln im Kühlschrank auftauen lassen, waschen und trocken tupfen). Muschelschalen reinigen und zum Anrichten verwenden. Fenchel halbieren, Stängel und Strunk entfernen, Fenchel in feine Streifen schneiden, mit Olivenöl in einer Pfanne anbraten. Mit Orangenhonig und Salz abschmecken, leicht karamellisieren. Muscheln mit Salz und Pfeffer würzen, Öl in eine Pfanne geben, Jakobsmuscheln von jeder Seite 2-3 Minuten anbraten.

Fenchel in kleine Muschelschalen oder kleine Porzellanschalen geben, je 1 Muschel daraufsetzen.

Mayonnaise und Crème fraîche verrühren. 1 Blutorange halbieren, Saft auspressen. 1 Blutorange schälen und filetieren. Saft und Filets zur Mayonnaise geben, mit Orangenlikör, Salz und Pfeffer abschmecken.

Dressing über die Jakobsmuscheln geben, mit Scampi, Kaviar und Dill garnieren.

Holzbrett

Spachtel

Farben

Papierfragmente

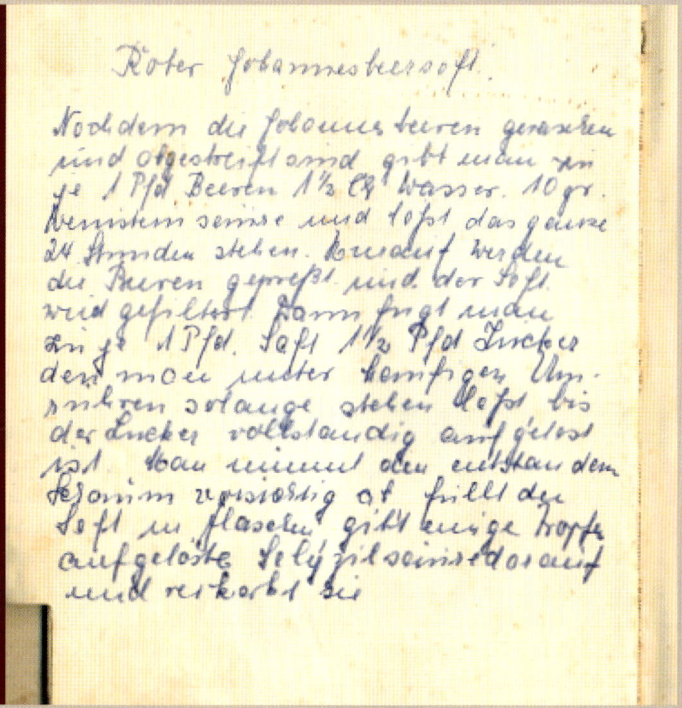

Roter Johannesbeersaft.

Nachdem die Johannesbeeren gewaschen
und abgestreift sind gibt man zu
je 1 Pfd. Beeren 1½ Ltr. Wasser. 10 gr.
Weinsteinsäure und läßt das ganze
24 Stunden stehen. Darauf werden
die Beeren gepreßt und der Saft
wird gefiltert. Dann fügt man
zu je 1 Pfd. Saft 1½ Pfd Zucker
den man unter häufigem Um-
rühren solange stehen läßt bis
der Zucker vollständig aufgelöst
ist. Man nimmt den entstandenen
Schaum vorsichtig ab füllt den
Saft in Flaschen gibt einige Tropfen
aufgelöste Salizylsäure darauf
und verkorkt sie

Wächterinnen

Acrylplatte

Styroporkorpus

Bienenwachsplatten

Farben

Metallstab

Mandel-Rieslingsuppe

Für 6 Personen

2 Frühlingszwiebeln
1 Zwiebel
125 g mehligkochende Kartoffeln
1 EL Butter
200 g geröstete Mandelblätter
250 ml trockener Riesling
600 ml Rinderfond
Salz, Pfeffer aus der Mühle
Muskat
200 ml Sauerrahm
200 g Sahne
50 g fein geriebener Parmesan
1 TL Zitronensaft
Zucker

Thai-Kresse und Grissinistangen zum Garnieren

Frühlingszwiebeln und Zwiebel putzen und schälen, in Ringe und Würfel schneiden. Kartoffeln schälen, in kleine Würfel schneiden. Butter in einem Topf erhitzen, Zwiebeln und Kartoffeln darin glasig dünsten, Mandelblätter zugeben. Mit Wein ablöschen und fast vollständig einkochen lassen. Fond zugeben, mit Salz, Pfeffer und etwas Muskat würzen und alles etwa 10 Minuten einköcheln. Suppe mit dem Pürierstab kräftig aufmixen, Sauerrahm und Sahne in die Suppe geben, aufkochen lassen. Parmesan zugeben. Nicht mehr kochen lassen! Nach Bedarf nur erwärmen. Suppe pikant mit Zitronensaft und Zucker abschmecken. Vor dem Servieren nochmals mit dem Pürierstab aufmixen.

Suppe in Suppentassen füllen, mit Thai-Kresse und Grissinistangen servieren.

Nelkenkugel

Blumensteckschaumkugel

Tellerständer

Blumenschere

frische Nelken

Pommes Duchesse

Für 6 Personen

750 g Kartoffeln
3 Eier
Salz, Pfeffer aus der Mühle
Muskat
1 Ei
2 EL Sahne

Backofen auf 180 °C Ober-/Unterhitze vorheizen.
Kartoffeln mit Schale kochen, pellen und anschließend warm durch eine Kartoffelpresse drücken. Kartoffelteig mit Eiern mischen und mit Salz, Pfeffer und Muskat abschmecken. Kartoffelmasse im Spritzbeutel auf ein mit Backpapier ausgelegtes Backblech spritzen.
Ei und Sahne verquirlen, Kartoffelröschen damit bestreichen. Im Backofen 20 Minuten backen.

Roastbeef mit Wacholder-Remoulade

Für 6 Personen

w1,5-2 kg Roastbeef
2-3 EL Olivenöl
Pfeffer aus der Mühle
Fleur de Sel

Das Roastbeef vor der Zubereitung rechtzeitig aus dem Kühlschrank nehmen und Zimmertemperatur annehmen lassen.

Backofen auf 220 °C Ober-/Unterhitze vorheizen.
Das Fleisch rundum mit Olivenöl einreiben und mit Pfeffer würzen. Bräter erhitzen, Fleisch kräftig darin beidseitig anbraten, damit Röstaromen und eine schöne Kruste entstehen. Bräter in den Backofen schieben, 15 Minuten bei hoher Temperatur, dann bei 80 Grad 1,5 – 2 Stunden garen. Backofen ausschalten, Fleisch 30 Minuten ruhen lassen. Roastbeef aufschneiden, mit Fleur de Sel und Pfeffer aus der Mühle würzen.

Wacholder-Remoulade

Für 6 Personen

1 ganz frisches Ei
1 TL Senf
2 EL Weißweinessig
1 EL Zitronensaft
100 ml Kernöl
100 ml Rinderbrühe
½ TL fein gehackte frische Rosmarinnadeln
½ EL zerdrückte Wacholderbeeren
1 Bund glatte Petersilie
1 Bund Schnittlauch
Salz, Pfeffer aus der Mühle
Zucker

Ei, Senf, Essig und Zitronensaft in einen Rührbecher geben und mit einem Pürierstab aufschlagen. Nach und nach unter ständigem Aufschlagen das Öl zugießen. Brühe unterrühren, Rosmarin und Wacholder zugeben. Petersilienblätter von den Stielen zupfen, klein schneiden, Schnittlauch in feine Röllchen schneiden. Kräuter in die Remoulade geben, mit Salz, Pfeffer und Zucker pikant abschmecken. 2 Stunden ziehen lassen.

Vor dem Servieren die Remoulade mit dem Pürierstab kräftig aufmixen.

Gemüseplatte mit Erbsenschoten, Mini-Spargel und karamellisierten Schwarzwurzeln

Für 6 Personen

500 g Schwarzwurzeln
Saft von 1 Zitrone
Salz
1 EL Butter
½ TL Zucker
300 g Erbsenschoten
300 g Mini-Spargel
Salz
2 EL Butter
Brunnenkresse zum Garnieren

Schwarzwurzeln unter fließendem Wasser waschen, mit dem Sparschäler schälen (Einweghandschuhe benutzen). Die Enden der Schwarzwurzeln abschneiden, Schwarzwurzeln in 4 cm lange Stücke schneiden, in eine Schüssel mit Wasser und Zitronensaft legen. In einem Topf Wasser mit Salz zum Kochen bringen. Schwarzwurzelstückchen darin zugedeckt 10-15 Minuten bissfest garen, gut abtropfen lassen. Erbsenschoten und Spargel waschen, getrennt in wenig Salzwasser 3 Minuten kochen, abtropfen lassen und sofort mit Eiswasser abspülen.

Vor dem Servieren Schwarzwurzeln in Butter mit Zucker leicht karamellisieren. Erbsenschoten und Spargel in Butter schwenken und erhitzen. Gemüse auf einer Platte anrichten, mit Kresse garnieren.

Chilischokoladen-Mousse an Himbeersauce

Für 6 Personen

200 g Chili-Zartbitter-Schokolade
50 g Vollmilchschokolade
2 Eier
2 EL Schokoladenlikör
25 g Zucker
500 g Sahne

200 g Himbeeren, TK
20 g Zucker
2 EL Himbeergeist

1 Beutel dunkle Kuvertüre
6 kleine Himbeermacarons

Chili- und Vollmilchschokolade in kleine Stücke brechen und über einem Wasserbad schmelzen.
1 Ei und 1 Eigelb (Eiweiß kalt stellen) mit Schokoladenlikör und der Hälfte des Zuckers in einer Metallschüssel verquirlen und über dem Wasserbad schaumig aufschlagen.
Die geschmolzene Schokolade unterrühren und die Creme weiter über dem Wasserbad rühren, bis sich alles gut vermengt hat.
Creme vom Wasserbad nehmen und kalt rühren.
Eiweiß steif schlagen, restlichen Zucker dabei einrieseln lassen.
Sahne halb steif schlagen.
Zuerst Eiweiß, dann Sahne unter die ausgekühlte Creme rühren.
Die Mousse in sechs kleine Schalen oder in eine große Schale füllen und mindestens 3 Stunden kalt stellen.

Himbeeren mit Zucker bestreuen und auftauen lassen, danach durch ein Sieb streichen, mit Himbeergeist abschmecken.
Himbeersauce in kleine Gläser füllen, getrennt zur Mousse reichen.

Kuvertüre über einem Wasserbad schmelzen.
Vom Beutel eine winzige Ecke abschneiden, Schokoladenstreifen auf Alufolie spritzen, fest werden lassen.

Vor dem Servieren Mousse mit kleinen Himbeermacarons, Schokoladenstreifen und Himbeersauce anrichten.

Petits-Fours-Türmchen

Für 12 Stück

- 400 g Sahne
- 200 g weiße Schokolade
- 2 EL Orangenlikör
- 5 Eier
- 130 g Zucker
- 125 g Mehl
- 50 g Speisestärke
- abgeriebene Schale von ½ Bio-Zitrone
- 100 g Orangenmarmelade
- 200 g Puderzucker
- 2-3 EL Orangensaft
- 200 g dunkle Kuvertüre
- Gold- und Silberperlen

Vorbereitung der Füllung:

Sahne erhitzen, Schokolade in Stückchen brechen, in die Sahne geben und darin schmelzen lassen. Orangenlikör unterrühren. Schokoladensahne über Nacht auskühlen.

Für den Teig:

Backofen auf 220 °C Ober-/Unterhitze vorheizen. Eier trennen, Eigelb mit 3 EL Wasser und Zucker schaumig schlagen. Eiweiß steif schlagen, unter die Eigelbcreme heben. Ebenso Mehl, Speisestärke und Zitronenschale unter die Eigelbcreme geben. Teig auf ein mit Backpapier ausgelegtes Backblech streichen. 10-15 Minuten goldbraun backen. Teigplatte auf ein Kuchengitter stürzen. Auskühlen lassen. Teigplatte erst in zwei gleich große Hälften teilen, dann beide Teigplatten waagerecht halbieren.

Für die Füllung:

Schokoladensahne mit dem Handmixer schaumig aufschlagen. Marmelade erhitzen, durch ein Sieb streichen. Teigböden mit Orangenmarmelade bestreichen. Schokoladensahne auf der Marmelade verteilen und glatt streichen. Platten aufeinandersetzen, gut andrücken, 2 Stunden kalt stellen und anschließend in Quadrate schneiden.

Für die Glasur:

200 g Puderzucker mit 2-3 EL Orangensaft verrühren, die Zuckerglasur muss eine streichfähige Konsistenz haben. Petits Fours damit überziehen. Kuvertüre über einem Wasserbad schmelzen und auf die Türmchen geben. Mit Gold- und Silberperlen garnieren.

Holzkuben
mit
Holzkugel
186

Metallengel

Vorlage
Ständer
Metall
Schweißgerät

Holz
Säge
Spachtel
Farben

Currywurst

Currywurst
Für 6 Personen

1 große Zwiebel
1 rote Paprikaschote
1,5 cm frischer Ingwer
1 Apfel
2 EL Olivenöl
2 EL Balsamico
2 EL Tomatenmark
3-4 EL Currypulver
300 ml Tomatenketchup
450 ml Tomaten aus der Dose
8 Grillwürstchen

Zwiebel schälen, in kleine Würfel schneiden. Paprikaschote putzen, halbieren, Kerne entfernen, waschen und in Würfel schneiden.
Ingwer schälen und reiben. Apfel waschen, vierteln, entkernen und fein würfeln.
Zwiebel und Paprikaschote in Öl andünsten, Ingwer und Apfel zugeben.
Mit Balsamico, Tomatenmark und Currypulver so lange unter Rühren kochen, bis das Fruchtfleisch leicht zerfällt.
Tomatenketchup und Tomaten unterrühren.
Bei kleiner Hitze 4-5 Minuten kochen lassen.
Sauce mit dem Pürierstab ganz fein pürieren.
Grillwürstchen auf dem heißen Grill grillen oder in der Pfanne braten. Würstchen in 1 cm lange Stückchen schneiden, in die Currysauce geben, mit Curry bestreuen.
Mit Baguette servieren.

Berliner
Für 12 Stück

500 g Dinkelmehl
1 Pck. Trockenhefe
250 ml Milch
100 g Butter
70 g Zucker
1 Pck. Vanillezucker
abgeriebene Schale
von 1 Bio-Zitrone
2 Eier
Salz

200 g Pflanzenfett zum Ausbacken
1 Glas Himbeerkonfitüre oder
250 ml Eierlikör zum Befüllen
Puderzucker zum Bestreuen

Mehl, Hefe, lauwarme Milch, flüssige Butter, Zucker, Vanillezucker, abgeriebene Zitronenschale, Eier und Salz in eine Schüssel geben. Mit den Knethaken verkneten, bis ein glatter Teig entstanden ist. Teig zugedeckt an einem warmen Ort etwa 30 Minuten ruhen lassen und danach nochmals durchkneten, erneut 30 Minuten ruhen lassen. Den Teig auf einer bemehlten Fläche zu einer etwa 2 cm dicken Platte ausrollen. Kleine Teigkreise (mit etwa 4 cm Durchmesser) ausstechen und auf ein bemehltes Backpapier legen und nochmals gehen lassen, bis die Teigkreise ihr Volumen verdoppelt haben. Berliner in heißem Pflanzenfett von jeder Seite 2-3 Minuten schwimmend ausbacken. Auf Küchenkrepp legen und gut abtropfen lassen. Die Berliner noch warm mit Konfitüre oder Eierlikör (Kuchenspritze mit langer Tülle) füllen, mit Puderzucker bestreuen.

New York
Holzplatte
Pinsel
Spachtel
Fundstücke
190

Liebe
Lebe

**Unser Leben wird von den Menschen geprägt, die uns begleiten.
Es gibt unzählige Menschen, die unsere Welt im Großen und Kleinen bereichern.
Nicht immer ist Zeit dafür, innezuhalten und ihnen für Alles zu danken!**

Luna Begemann
Uta Buddenkotte-Ertz *www.buddenkotte.de*
Ruth und Josef Brüninghoff *www.brueninghoff.net*
Rainer und Petra Dahlke *www.gaertnerei-dahlke.de*
Familie Döpp und Mitarbeiter *www.gut-vorwald.de*
Heidi und Stefan Hardeweg *www.hardeweg-wohnraum.de*
Bärbel Heinemann
Beate Heinrich *www.heinrich-kommunikation.de*
Maria und Ludger Hüging *www.lu-hueging.de*
Anna Hüging-Wilger und Stefan Hüging
Hedwig Kellinghaus
Birgit und Josef Keppelhoff-Niewerth
Hedwig Keppelhoff-Wiechert
Elisabeth Laumeier
Anne Liesmann
Barbara Nitschmann
Angelika und Berthold Picker *www.garten-picker.de*
Ludger und Maria Schnucklake
Clemens Schulze Döring und Sina Schulze Döring-Seibel
Usch Schwandt
Dr. Hermann-Josef Stenkamp *www.lwl.org/industriemuseum/standorte/textilwerk-bocholt*

Unseren fleißigen Bäckerinnen und Bäckern
„Mandelprinz" Clemens
„Zimtsternchen" Lena
„Zuckerschnute" Paula 1
„Backengelchen" Paula 2
„Backbengel" Philipp
Unserem Weihnachtsengel Max

Unserer Lektorin Susanne Klar

Unser besonderer Dank gilt:
Familie Kormann
Ruth Brüninghoff
Christel König
Maria Tautz
Roland Redemann
Danke an unsere Ehemänner Martin und Walter
für ihre Hilfsbereitschaft und Geduld!